Préambule

Elle ne fait que passer et pourtant… Le temps si court qu'elle passe auprès de vous chamboule totalement votre vie. Que sa présence soit physique, virtuelle ou même imaginaire, l'Univers a déjà un plan bien précis pour nous tous !

Cette personne arrive tel un coup de vent dans votre vie, bouleverse toutes vos croyances, renverse littéralement votre conscience. Elle laisse des traces indélébiles de son passage, un peu comme si son empreinte énergétique restait à tout jamais gravée au fond de votre Être. Quand on rejoue la scène, on a l'impression que tout se passe comme au ralentit et finalement on comprend sans un mot que l'Univers a orchestré son passage pour une simple et bonne raison, afin de vous retrouver en tant qu'Être.

Aussi étrange que cela puisse sembler, c'est un peu comme si elle était simplement passée dans le but de remettre les pendules à l'heure. Cette personne a la faculté de transmuter des mémoires endormies et de nous réveiller tel un volcan qui entrerait tout à coup en éruption. C'est alors que vous ressentez une grande familiarité avec cet Être qui est venu précisément à cet instant pour vous remettre sur votre chemin de vie.

Puis, lorsqu'elle reprend soudain sa route, l'humain en vous a l'impression de ressentir un manque ou plutôt de perdre quelqu'un de très important dans sa vie, un peu comme si cette personne repartait avec ce qu'elle vous a offert : l'étincelle qu'elle a réussi à réveiller dans votre cœur. Cette étincelle qui est toujours bien présente car c'est à vous qu'elle appartient, à vous seul.

Elle est de ces Êtres qui vous marquent pour toujours et qu'on n'oublie jamais…

La rencontre

Il n'y a pas de hasard, il n'y a que des rendez-vous.

Paul Eluard

Je patiente dans la salle d'attente du CHUM depuis plusieurs minutes déjà, joli terme québécois qu'on emploie pour dire « petit copain », et qui désigne le Centre Hospitalier Universitaire de Montréal. J'ai voulu arriver tôt pour mon premier rendez-vous. Il est huit heures trente, j'ai une demi-heure d'avance. Je suis impatiente de commencer ma rééducation. Une standardiste se tient à l'accueil du service. J'ose demander si la spécialiste peut me prendre en avance. Elle s'empare du téléphone et compose son numéro de poste. Apparemment, elle n'est pas encore arrivée.

Mon regard se fixe sur l'affiche publicitaire accrochée au mur, je regarde ce bébé qui porte un dispositif auditif, ce petit bout d'homme semble serein et en sécurité dans les bras de sa mère.

Ce mois d'octobre est encore bien doux à Montréal. La neige n'a pas encore fait son apparition et les feuilles aux couleurs automnales tombent les unes après les autres. La ville s'active pour ramasser les amas de feuilles qui jonchent les trottoirs. Pourtant, c'est tellement agréable d'entendre leur froissement sous nos pieds.

Deux jeunes filles arrivent, s'assoient sur les deux chaises vacantes. L'une d'elles a la peau sombre, elle doit être d'origine haïtienne. Depuis 2010, le Canada est devenu une terre d'asile pour nombre de réfugiés. Elles parlent d'un stage qu'elles doivent faire en orthophonie. Quelques minutes s'écoulent avant qu'un responsable ne vienne chercher les stagiaires.

Il est plus de neuf heures à la pendule, Elle est en retard. Mes pensées se bousculent dans ma tête. À quoi peut-elle ressembler, réussira-t-elle dans ce combat de longue haleine. J'entends mon nom, c'est enfin mon tour.

Elle parait avoir une trentaine d'années, c'est une grande brune filiforme. Je la suis, nous montons les deux étages à pied pour rejoindre son bureau. Je me dis qu'elle est peut-être un peu jeune pour traiter mon problème. J'espère qu'elle est compétente et qu'elle saura y faire.

Mon esprit se met à vagabonder, je me retrouve en plein été à l'aube de mes vingt-cinq ans.

Parce que j'existe !

La vie est précieuse, prends-en soin.

Mère Teresa

Je me suis retournée, lui aussi. Ce jour-là, je portais une robe jaune qui me cintrait la taille et retombait en corole sur mes jambes. J'avais décidé de mettre mes escarpins noirs afin d'apporter un contraste au coloris jaune de la robe. J'allais déposer un dossier auprès du directeur du service planning et venais de croiser dans les couloirs, un bel homme brun au regard ténébreux, à l'allure élancée.

Je me dirigeai aussitôt vers la réception, j'étais certaine que Michèle saurait me dire qui était cette nouvelle recrue dans la société. Elle travaillait comme standardiste depuis une bonne dizaine d'années. Rien ne lui échappait, elle était la bible des faits divers, elle pourrait sûrement me renseigner.

Je demandai à Mimi, comme j'aimais l'appeler, si elle connaissait ce nouveau, ce grand brun. Elle hocha la tête.

— Il vient d'être embauché comme ingénieur au service planning. Puis elle décrocha le téléphone qui sonnait.

Je repartis contente de moi avec mon information.

J'en ai parlé à ma collègue Laurence qui travaillait au service comptabilité. Ça faisait, un peu plus de trois ans qu'on se connaissait. A mon arrivée dans l'entreprise, nous avions tout de suite sympathisé. Laurence avait pratiquement mon âge, c'était une grande brune aux cheveux courts.

— Que comptes-tu faire ? m'a-t-elle demandé au déjeuner.

— Je pense que je lui plais, on a un peu discuté, il vient de Lyon, il a passé un an à la Réunion pour son service militaire, je le trouve sympa.

— Tu devrais demander à Sylvie d'organiser un truc pour vous !

Sylvie était une assistante trilingue, on travaillait ensemble. Une fille un peu atypique qui avait raté son parcours de traductrice. Elle approchait de la quarantaine et venait de divorcer. J'aimais croire aux histoires loufoques qu'elle s'inventait avec des personnalités connues. Voulait-elle simplement mettre un peu de couleurs dans sa vie ?

— Bonne idée ! Je lui en parlerai, une soirée bowling avec l'équipe, ce serait sympa non ? Elle me regarda de ses grands yeux verts.

— Tiens-moi au courant, j'ai hâte de connaître la suite !

Quelques mois ont passé, je travaillais au département international. J'étais bien considérée. Une fois, on m'avait même proposé de remplacer l'assistante du Vice-président lorsqu'elle s'était absentée pour maladie. Pourtant, ces derniers temps, j'envisageais de mettre les voiles pour réaliser ce qui m'avait toujours fait vibrer. Peu de temps après, je déposai une demande auprès des ressources humaines pour obtenir le financement d'une formation en création et production touristiques.

— Non, pas le premier soir ! m'avait répondu Simon en bas de mon immeuble.

Je l'ai regardé bizarrement, il n'était pas commun qu'un garçon s'abstienne de suivre une fille, je crois qu'il voulait me faire patienter un peu.

La soirée avait débuté par un restaurant au centre de Paris avec toute l'équipe anglophone du département, nous avions beaucoup bu et parlé la langue de

Shakespeare. Elle s'est achevée au bowling et Simon avait proposé de me raccompagner. Sylvie avait su organiser cette soirée avec tact.

Quelques semaines plus tard, nous nous sommes retrouvés à danser ensemble lors d'une fête de Noël organisée par la société. Après une soirée bien arrosée, Simon avait décidé cette fois encore de me raccompagner. Ce n'était plus le premier soir... mais le début de notre histoire.

J'étais amoureuse de lui, il me plaisait avec ses airs d'enfant sage et ses yeux verts aux reflets noisette qui s'accordaient si bien avec ses traits fins.

Je lui faisais découvrir Paris à bord du bateau-mouche, il se laissait guider au gré de mes envies. Ensemble, nous dansions sur les airs latinos du Pao Pau Brésil. Le week-end nous nous évadions au Touquet, faisions l'amour dès que nous nous retrouvions, parfois chez lui, souvent chez moi.

Je l'ai présenté à ma mère. Au cours de la soirée, nous avons échangé tous les trois autour d'un couscous, cette spécialité qu'elle aimait préparer lorsqu'elle recevait. En repartant, je le trouvais sombre.

— Vous avez toujours des rapports comme ça ?

— Comment ça ?

— Vous vous disputez tout le temps !

Je n'ai pas répondu, je ne prêtais plus attention à nos querelles, je les trouvais normales, nous avions toujours dialogué de la sorte.

Parfois, je lui parlais de mon amie Laurence, sans le savoir je jouais avec le feu.

— Tu sais, elle te trouve super mignon, ce serait ton genre ?

Je finis par l'exaspérer et il haussa les épaules.

— Elle est plutôt jolie, répondit-il.

Puis un soir, après un réveillon de fin d'année chez des amis et trois mois d'une relation amoureuse, Simon m'annonça qu'il souhaitait mettre un terme à notre histoire, il n'était pas sûr de vouloir s'engager. Je suis restée digne, mais au fond de moi j'étais dévastée. J'en ai parlé à Laurence, j'étais malheureuse et effondrée.

— Je vais changer d'air, je pars une semaine au ski.

— Il faut que je te dise quelque chose... Il m'a envoyé un mail.

— J'ai senti mon cœur bondir de ma poitrine, une trahison entre l'homme que j'aimais et mon amie.

— Que disait ce mail ?

— Il veut qu'on aille boire un verre ensemble !

— Tu as dit oui j'imagine, il est libre maintenant.

— Je lui ai répondu que ce n'était pas possible ! Je n'ai pas pour habitude de sortir avec les copains de mes amies !

Ce jour-là, je compris toute l'importance d'une amitié. Je n'ai jamais oublié cette fille.

Une semaine après mon escapade dans les montagnes blanches. J'étais revenue toute neuve. J'avais vidé mon chagrin d'amour dans les bras d'un moniteur de ski.

Peu de temps après, Simon m'appela. Il venait de recevoir un coup de fil, il n'avait pas su qui c'était, la personne avait raccroché. Il avait supposé que c'était moi. Avait-il imaginé ce prétexte pour m'appeler ?

Ce soir-là, nous avons discuté longuement au téléphone, parlé de notre relation, d'une vie possible à deux, de nos différences. Nous nous sommes donné une deuxième chance, mon intuition me disait qu'ensemble nous pourrions faire de belles choses.

— Lequel préfères-tu, le rez-de-chaussée ou le troisième ?

— Et si on l'achetait ensemble.

— C'est encore trop tôt, achète-le seule.

— Ok.

Nous nous sommes installés ensemble dans ce petit appartement en périphérie de Paris. Nous avions craqué pour celui qui avait un petit bout de jardin, on se voyait réunir nos amis autour d'un barbecue.

Peu de temps après, j'ai reçu l'acceptation du financement que j'avais demandée pour ma formation dans le tourisme. Un tournant dans ma vie commençait, mon rêve se réalisait !

Après quelques mois, j'annonçai à maman notre intention de nous marier.

— À Montpellier, quelle idée ! La famille ne se déplacera jamais, a-t-elle ajouté.

— C'est plus pratique, tu sais avec le nouvel emploi de Simon là-bas, puis mon stage décroché dans l'agence de voyages, je pense que c'est la meilleure solution.

J'ai senti qu'elle n'approuvait pas l'idée, qu'elle n'était pas particulièrement heureuse pour moi, ni de l'endroit, ni du mariage d'ailleurs ! Je réalisai malgré moi qu'elle n'avait jamais été mariée.

Maman m'aida malgré tout à choisir la robe que j'avais repérée dans une boutique à Saint-Lazare. Elle ne comprenait pas que l'on puisse dépenser autant pour un vêtement qui ne serait porté qu'une fois.

J'avais opté pour un bustier cintré qui s'entrelaçait dans le dos et sa longue jupe. J'avais fait rajouter des boutons de rose pastel. Un chapeau aux bords larges et de longs gants apportaient cette touche de fantaisie qui me ressemblait.

J'ai désigné mon amie Virginie comme témoin de notre union. J'avais fait sa connaissance quelques mois auparavant lors d'un voyage en Turquie. Nous nous étions bien entendues. Elle avait l'allure d'une athlète en lancer du poids. Ses cheveux blonds coupés au carré lui donnaient cet air si déterminé. Elle semblait pouvoir tout contrôler. Elle travaillait pour une grande chaîne hôtelière en plein cœur de Paris. Comme moi, elle aussi était une passionnée de voyages et d'aventure.

J'ai rencontré les parents de Simon qui m'ont tout de suite adoptée et mise à l'aise.

Organiser son mariage, n'est pas chose aisée. Je prenais conscience au cours de sa préparation de ce qu'il impliquait. Beaucoup de souvenirs ont ressurgi, ma sœur, mon père, la relation tendue avec maman. Mon envie d'enfants très présente aussi.

Certaines personnes ont décliné mon invitation. À ce moment-là, j'ai compris les rapports équivoques avec les autres. Mes difficultés à entretenir mes amitiés. J'aimais les relations exclusives et me montrais parfois possessive. Mes amis partaient les uns après les autres. Mon amie Laurence avait trouvé elle aussi une excuse pour ne pas être présente. Mon mariage a été le premier état des lieux de cette introspection.

Mes petits bonheurs

Le plaisir se ramasse, la joie se cueille, le bonheur se cultive.

Bouddha

Malgré les nausées, je ressentais le bonheur de chaque moment de ma grossesse, mon bébé bougeait dans mon ventre. Peu de temps après mon mariage, j'étais prise de fortes sensations d'écœurement, et l'annonce d'un bébé a confirmé mon état. Si souvent, j'avais imaginé qu'un jour je donnerais la vie. Avec Simon, nous avions décidé de nous faire la surprise, fille ou garçon, cela nous importait peu et mettait encore plus d'intensité à notre imagination.

Le destin en a décidé autrement, car lors de la visite de contrôle du cinquième mois, l'échographiste nous annonça tout sourire qu'elle se portait à merveille. Notre déception fut de courte durée, nous étions aux anges, dans quelques mois nous accueillerions notre bébé fille ; nous l'appellerions Eléa.

Je donnai la vie en plein mois de juin et devenions ainsi parents. Je pense que le premier enfant dans un couple est un chamboulement divin, nous redécouvrions la vie à travers ses yeux, le bruit d'un avion dans le ciel, un papillon qui se pose sur une fleur, ses moindres étonnements étaient les nôtres, ses rires nous émerveillaient et ses pleurs nous rendaient tristes et impuissants.

Nous avons décidé d'emménager à Nice quelques mois après la naissance. Malgré mon appréhension du début, j'ai tout de suite été séduite par cet endroit plein de charme, sa vieille ville avec son marché aux fleurs et ses façades aux couleurs provençales m'avaient convaincue.

Deux ans plus tard, je donnai naissance à notre deuxième fille.

J'aimais feuilleter ce magazine en couleurs mettant en images l'évolution de la grossesse mois par mois. Je revois encore sur la première page, ce bébé blond au regard azur tétant le sein de sa mère. Malgré moi, ce regard m'a suivi tout au long de ma grossesse.

C'est au petit matin en plein mois d'août que notre petite Anaé est arrivée. J'aime blaguer en disant qu'elle est née dans le même hôpital qu'un des enfants de Brad Pitt et Angelina Jolie. Nous avons souri quand la sage-femme nous a dit de ses yeux ébahis en me tendant mon bébé.

— Vous avez vu elle a les yeux bleus !

Nous avions mis au monde une petite fille blonde aux yeux bleus, le sort nous avait joué un drôle de tour, le même bébé que sur le magazine.

Les rires d'enfants et les plongeons résonnaient dans notre jardin. J'aimais organiser les fêtes d'anniversaire et réunir les petits camarades de mes filles. Je me souviens des trois ans d'Eléa, il y avait une dizaine de bambins essayant de pêcher des ballons dans notre piscine autoportante. J'avais glissé à l'intérieur des petits dessins, ils me les apportaient et repartaient avec un lot.

Je me rappelle des cinq ans d'Anaé, cette fois j'avais décidé de mettre les indiens à l'honneur. J'avais vu alors débarquer une ribambelle de couronnes de plumes sur les têtes et un défilé de Pocahontas.

À cette période, j'ai fait la connaissance de Carole sur un forum de discussion réunissant les mères de famille. Elle venait tout juste de s'installer dans la région avec son mari et ses deux enfants. Nous avons rapidement sympathisé, nous nous retrouvions pour partager les moments où nos progénitures jouaient ensemble pendant que nous refaisions le monde autour de quelques biscuits.

Simon s'est tout de suite entendu avec Charles, son mari. Parfois, nous partions tous ensemble pour des journées de ski. Des moments de joie et de partage entre nos deux familles.

J'ai rencontré Martine et Sylvana à la sortie de l'école, nos filles fréquentaient la même classe. Pour égayer nos journées de mères au foyer, il nous arrivait d'organiser des sorties.

— On se fait quoi alors la semaine prochaine ? demande Sylvana, toujours partante pour faire la fête.

— Un indien ! J'aimais la cuisine épicée.

— Ou ciné ! Ajouta Martine.

— Eh bien allons pour les deux, éclata de rire Sylvana.

Sylvana, une petite brune aux origines italiennes, avait le cœur sur la main. Elle me ressemblait avec son côté extraverti à parler fort et dire ce qu'elle pensait tandis que Martine était plutôt du genre discret, elle apportait de la sagesse à ce trio infernal.

Plus tard, j'ai décidé d'inscrire mes filles à des cours de natation. Nous trouvions important qu'elles sachent nager. Peu de temps après, l'entraîneur nous convoqua.

— Je pense qu'Anaé devrait intégrer le cours Avenir, elle a du potentiel.

C'est avec bonheur, que nous voyons chaque jour grandir et évoluer nos filles.

J'aime cette citation d'Oscar Wilde « Fais de ta vie un rêve, et d'un rêve une réalité. »

Ma réussite

L'obstination est le chemin de la réussite.

Charlie Chaplin

— C'est ma dernière chance, il faut que ça marche ! dis-je à Sophie.

— C'est une super idée, ta crèche inter-entreprises !

C'était une bonne idée, mais bien trop ambitieuse, avec beaucoup d'investissement. J'y ai cru, pendant neuf mois à ce projet, j'avais déniché un local d'une capacité de cinq cent berceaux, proche d'un pôle d'entreprises. Les plus grandes enseignes y étaient représentées, Sophie m'avait dit qu'il y avait une pénurie de crèches. L'idée était partie de là.

Je l'avais rencontrée lors de la rentrée des classes, sa fille rentrait en première année de maternelle avec Anaé.

— Je vais te présenter une maman qui a le même projet que toi, m'avait-elle dit.

Cette maman et moi avons beaucoup échangé, elle s'était associée à une amie pour lancer cette affaire qui recevrait les enfants des salariés de l'aéroport de Nice.

J'ai préparé un dossier en partenariat avec la Caisse d'Allocations Familiales et la ville acceptait de me réserver quelques places. La plateforme des créateurs d'entreprise soutenait mon projet, un de leurs comptables travaillait gracieusement sur le business plan tandis qu'un architecte me montrait le rendu sur un logiciel 3D. J'étais si motivée que rien ne pouvait m'arrêter.

— Tu es en train de te lancer dans un aéroport ! me disait ironiquement Simon.

Neuf mois plus tard, j'ai décidé de tout stopper, les entreprises ne me suivaient pas, elles n'étaient pas encore prêtes à participer au financement d'un système de garde pour leurs salariés. J'ai alors appelé le responsable des locaux commerciaux qui m'avait épaulée tout au long du projet.

— J'arrête, les entreprises, ne veulent pas financer !

— C'est dommage ! J'y crois en votre projet, qui plus est, l'emplacement est idéal. Il manque de crèches dans le bassin niçois. Je ferai tout mon possible pour qu'une crèche voie le jour, m'a-t-il dit un peu déçu.

Un an après, la crèche inter-entreprise Babilou ouvrait ses portes.

Déjà, un nouveau projet me trottait dans la tête, j'appelai Sophie pour lui en parler.

— Je veux permettre aux parents d'acheter des vêtements de marques à des prix défiant toute concurrence, une sorte d'outlet[1].

— Super idée ! viens à la maison, on en discute, m'avait-elle répondu.

J'aimais discuter avec elle. De trois ans mon ainée, elle avait eu Charlotte sur le tard, Coralie était arrivée deux ans plus tard et elle attendait son troisième enfant. Elle avait toujours plein d'idées. Charlotte s'entendait à merveille avec Anaé. À la sortie des classes, elle s'arrêtait à la maison, les filles faisaient quelques plongeons, nous parlions pendant des heures.

J'ai donc commencé à travailler sérieusement sur le projet, je sillonnais sans relâche les rues de Nice à la recherche d'un local, j'en visitai beaucoup, mais aucun ne me plaisait.

---

[1] Magasin de marques à petits prix

Pourtant, cette journée de février allait être gravée sur le marbre. Il faisait doux, Sophie et moi avions décidé d'aller pique-niquer aux environs de Menton. Je rangeai les derniers sacs de sandwiches et gâteaux dans le coffre avant de prendre la route. À cet instant mon portable se mit à sonner.

— On m'a fait part de votre projet, j'ai un lieu pour votre magasin, me dit la voix d'une femme.

Je respirai à peine pour mieux l'écouter.

— Un endroit auquel vous n'avez pas pensé. Il se prête tout à fait à votre activité, il y a une école derrière, donc beaucoup d'enfants. Actuellement, c'est un salon de coiffure, mais son emplacement est idéal, il faut que vous le visitiez.

Je raccrochai et explosai de joie devant mon amie ébahie.

— C'est vrai, c'est une somme à l'achat, mais je démarcherai les banques, qu'en penses-tu ? Il est bien placé non ?

J'attendais l'approbation de Simon, comme une enfant qui convoiterait sa récompense.

J'étais redynamisée par ce nouveau projet. J'en étais convaincue, cette fois-là serait la bonne, il était à taille humaine.

Ce petit local était une perle, il devait faire une cinquantaine de mètres carrés, en plein cœur du Cros-de-Cagnes, un petit village de pêcheurs grouillant de petits commerces. Il y avait effectivement cette école à l'arrière, j'imaginais déjà toutes les mamans sortir du magasin les bras chargés de sacs. Ce que j'aimais avant tout c'était cette large vitrine, j'avais déjà plein d'idées pour l'agencement.

La réserve était une aubaine, elle servirait à stocker les vêtements, le midi je pourrai préparer mes repas dans le petit coin cuisine.

Je mettais tout en œuvre pour que les étapes s'enchaînent correctement, je voulais ouvrir pour la rentrée des classes, j'avais six mois devant moi. Je recontactai la plateforme d'aide aux créateurs pour le montage du dossier afin de le présenter devant un jury de chefs d'entreprise. J'élaborai un bilan prévisionnel qui tienne la route et listai les magasins de grandes marques dans un rayon de dix kilomètres.

Je reçus enfin l'appel que j'attendais, une banque était prête à financer le projet, elle me faisait confiance. J'appelai aussitôt Sophie pour lui annoncer la bonne nouvelle, le soir même nous fêtions cette belle aventure.

Quelques jours plus tard, j'entrai en contact avec les fournisseurs de marques pour officialiser un partenariat et démarchai les magasins des environs pour récupérer les stocks. Le moment était venu pour donner un nom à mon magasin.

— Que penses-tu de « Caprices de Mômes », lançai-je à Martine, Mômes ça ne fait pas trop vulgaire ?

— Pas du tout ! la crèche où je travaille s'appelle « Espace Môme » alors tu vois…

J'imaginais un endroit chaleureux avec des couleurs en fonction des espaces. Sophie m'avait conseillée de ne pas aller au-delà de seize ans.

— Les ados ne s'habillent pas dans les magasins d'enfants, m'a-t-elle dit. En plus, ça va te faire beaucoup trop de stock !

Elle avait raison, j'ai alors organisé le magasin en trois espaces avec une couleur différente pour chacun.

Simon trempait son rouleau dans le pot de peinture vert pomme pendant que je m'attelais à l'espace-ados.

Le formateur du logiciel de gestion de caisse était venu me former à la maison pendant deux jours. J'avais investi dans un système performant et intuitif afin d'imprimer les étiquettes des codes-barres.

Le temps s'accélérait, il ne restait plus que quelques semaines avant la rentrée des classes. Dix cartons de vêtements traînaient encore dans le séjour, ils attendaient leur étiquetage.

— Je te garde les filles, si tu veux, me dit Sophie, tu seras plus tranquille.

Elles ont passé l'après-midi autour de la piscine de la résidence de mon amie. Quand je vins les récupérer, elles coururent vers moi en me montrant le vernis rose pâle que Sophie leur avait mis. Nous éclatâmes de rire, les enfants profitèrent de cette joyeuse distraction pour faire un dernier plongeon.

Quelques jours plus tard, le magasin avait les couleurs acidulées des bonbons Arlequin. Il était temps d'installer les meubles. Je fis un dernier tour afin de m'assurer que tout était en ordre. Demain, serait un moment fort, ma première journée dans le magasin.

— Bonjour Madame, je viens découvrir votre boutique, je regarde pour mon fils, vous avez de jolies choses.

— Bienvenue, n'hésitez pas si vous avez besoin d'aide, vous êtes la première.

C'était une dame brune, elle venait de déposer son fils à l'école.

Le nouveau monde

La victoire va à celui qui prend le plus de risque.

Jean-Claude Kelly

Il était écrit dans les sphères du destin que nous abandonnerions notre vie actuelle pour un nouveau tournant quelque part dans le monde. Nous étions au mois de mai. Dans la boîte aux lettres, une enveloppe brune allait changer le cours de notre vie. Quatre formulaires d'immigration se trouvaient à l'intérieur.

Ces deux dernières années, notre préoccupation principale avait été la préparation de notre dossier pour une nouvelle vie au pays des caribous. Nous fouillions dans nos vieux dossiers pour retrouver nos bulletins scolaires et diplômes. Nous remplissions assidûment tous les formulaires qui garantiraient au gouvernement québécois que nous serions de bons immigrants pour servir le pays, nous passions toutes les visites médicales afin de les rassurer sur notre état de santé.

Nous avions visité le Québec en plein hiver, nous voulions nous assurer que nous survivrions au froid et surtout que nous arriverions à nous faire une petite place dans une culture somme toute bien différente. Le moment était donc venu de mettre en vente notre bastion niçois, notre maison de poupée, comme nous aimions à l'appeler. Simon donnait sa démission quelques mois plus tard alors qu'un nouveau poste l'attendait outre-Atlantique. La chance était de notre côté et tout s'agençait parfaitement pour que notre départ se fasse sans heurts.

Anaé courait partout dans la maison vide qui résonnait, cet endroit plein de vie était devenu dès lors impersonnel. Je l'entendais filmer toutes les pièces, elle s'amusait à raconter son histoire, laisser une trace de son enfance, se rassurer d'avoir eu une vie avant cette aventure qui l'attendait.

Eléa tournait en rond, elle était nerveuse, l'inconnu lui faisait peur. Nous savions qu'elle aurait besoin de notre soutien pour l'accompagner sur le chemin hasardeux de cette nouvelle vie. Ici, elle laissait son enfance pour affronter ce nouveau monde de l'adolescence.

Nous attendions notre tour dans la file d'embarquement, l'hôtesse nous fit signe de la tête que c'était notre tour, elle nous observait avec nos quatre grosses valises.

— Vous dépassez le poids autorisé, nous dit-elle d'un ton tranchant.

Nous nous regardons inquiets, dans notre euphorie, nous avions oublié de peser nos bagages.

— Ah !

— Avez-vous une autre valise ?

— Ben non, on quitte la France, toute notre vie est à l'intérieur de ces valises.

Elle continuait à nous observer.

— Avez-vous un sac pour mettre le surplus de vêtements ? Parce que ça va vous revenir cher.

Avec toutes les sommes dépensées pour ce nouveau cap, on n'en était plus à compter.

— On paie le supplément, lance Simon pour mettre fin à la discussion.

La douceur de vivre du Québec s'ouvrait à nous, les écureuils jouaient à cache-cache dans les grands parcs sous le regard d'écolières qui chahutaient sur les balançoires. Nous étions comme des enfants découvrant la vie pour la première fois. Nos automatismes avaient disparu et nous devions réapprendre tous les codes. Il faisait chaud en ce mois d'août, nous profitions des bassins dans les parcs pour nous rafraichir.

Nous logions dans un condominium[2] communément appelé « condo » que nous avions déniché depuis la France. Julie et Jeff l'avaient remis à neuf pour notre arrivée. Le hasard faisait qu'il travaillait dans la même société que Simon, Julie était directrice dans un collège privé. Ce couple faisait tout son possible pour que nous nous sentions à l'aise dans notre nouvelle demeure. D'ailleurs, cela est valable pour tous les Québécois, ils se mettent en quatre pour que chacun se sente bien.

Les premiers temps nous nous affairions à préparer la scolarité des enfants. Eléa rentrait au Collège privé, elle devait porter l'uniforme bleu de son école. Le matin, je la voyais partir avec sa jupe plissée et ses chaussettes lui montant jusqu'aux mollets. Certains jours, je sentais son appréhension qu'elle tentait de dissimuler sous ses airs rebelles.

Nous étions ébahis par ces grands espaces où se mêlaient de vastes zones commerciales.

---

[2] Appartement d'un immeuble en Amérique du Nord

Les saisons semblaient rythmer la vie, nous nous amusions à regarder nos voisins installer d'amples tentes blanches à l'entrée de leur garage dès novembre. Quelques jours après, nous en comprenions la raison quand les premiers flocons de neige firent leur apparition.

« Le premier hiver est le plus froid » nous disaient nos compatriotes installés dans ce nouveau continent. Effectivement, nous l'avions ressenti dans toutes les cellules de notre corps. La neige tombait chaque jour pour atteindre des hauteurs incommensurables. Les déneigeuses stockaient des blocs de neige sur des terrains vierges. Fin décembre, Montréal était ensevelie sous un épais amas de neige.

Ici, nous avons pris conscience que nous pouvions mourir de froid, le pays prévoyait de grandes galeries souterraines afin que la vie quotidienne continue son cours. Nous savions que l'hiver durerait longtemps, je chantonnais « Je reviendrai à Montréal », Robert Charlebois avait raison, son pays, c'était bien l'hiver. Nous comprenions plus que jamais la véracité de cette chanson.

Nous occupions ce premier hiver à découvrir ce que faisaient les Québécois pour braver le froid. Nous goûtions aux joies du patinage en plein air, nous dévalions les monts à des températures de moins trente-cinq degrés. Le plus amusant était la découverte de la pêche blanche dans un lac gelé.

Nos cinq sens étaient en éveil. Cet hiver-là, Julie et Jeff nous ont fait découvrir la poutine[3], le plat typique du Québec. « C'est la Mecque de la poutine », avait prévenu Jeff. À l'entrée de ce petit restaurant, une queue d'une vingtaine de personnes annonçait la réputation de l'endroit.

L'hiver défila au gré des tempêtes de neige et des pluies verglaçantes. La fonte des neiges donnait à Montréal une image moins pittoresque, une impression de champ de bataille avec ses déchets jonchant les rues. La neige laissait place à des flaques d'eau boueuse, le ciel bleu s'était teinté de nuances gris clair. Les activités hivernales n'étaient

---

[3] Plat québécois composé de frites, fromage cheddar en grain et d'une sauce brune

plus praticables et il était trop tôt pour s'adonner aux châteaux de sable.

Ces derniers mois, j'avais appréhendé les codes de vie et les enseignais à ma tribu. Je revenais chaque jour avec de nouvelles consignes et explications qui nous permettaient de mieux nous intégrer. Anaé rentrait de l'école avec de nouvelles expressions que nous nous amusions à nous approprier.

La chaleur de l'été fit son apparition dès la mi-mai. Nos amis écureuils étaient sortis de leur hibernation pour gambader dans le jardin de notre nouvelle maison.

Nous voulions réchauffer nos corps meurtris par ces froids extrêmes, Jeff et Julie étaient nos guides et ensemble nous découvrions les cueillettes de bleuets ou de pommes, nous pagayions sur la rivière rouge du Saint-Jean-sur-Richelieu. Nous vivions dans la douceur du rythme québécois, l'accolade remplaçait la bise et le sirop d'érable le sucre. Nous sentions nos cœurs s'ouvrir à cette nouvelle dimension.

Sur la route des Incas

L'esprit est comme un parachute, il ne fonctionne que lorsqu'il est ouvert.

Thomas Denver

Cela faisait déjà neuf mois que je travaillais pour cette agence de tourisme en banlieue montréalaise. Nous œuvrions pour donner du rêve à nos clients en leur organisant des circuits aux quatre coins de la planète. J'avais passé l'entretien au printemps, ils recherchaient un responsable de destinations pour gérer les dossiers du Pérou. Je découvrais chaque jour ce petit bout de pays surprenant.

J'étais devenue rapidement celle qu'on appelait « la spécialiste du Pérou. » Je connaissais le pays sans y être allée, je n'avais qu'une hâte c'était de sauter dans un avion pour découvrir la fameuse Cité des Incas. Ce fut mon cadeau de Noël.

Après huit heures de vol, notre avion atterrissait à Lima sous vingt-quatre degrés en plein mois de décembre. J'avais réussi à convaincre ma tribu de me suivre.

Nous déambulions joyeusement dans les rues de Lima, nous avions porté notre choix sur un petit hôtel à Miraflores, un quartier au bord du Pacifique à une demi-heure du centre historique de Lima.

Philippe, le responsable de l'agence avec laquelle nous collaborions, nous avait réservé les billets pour le Machu Picchu. Enfant, j'adorais cette série, je ne ratais aucun épisode retraçant la cité perdue.

Tel un mirage, le Machu Picchu s'élevait devant nous. Nous voulions arriver tôt ce matin-là afin de le découvrir avant l'arrivée des nuages. Des accents étrangers flottaient autour de nous, apparemment nous n'étions pas les seuls à avoir eu la même idée. Eléa courut pour caresser le lama qui se tenait non loin de là, il apportait une touche de folklore supplémentaire à ce décor déjà époustouflant.

Aujourd'hui encore, je me demande comment les Incas ont pu réaliser cette merveille à plus de deux mille quatre cent mètres d'altitude. Il est de notre responsabilité d'entretenir ce patrimoine afin qu'il demeure éternel, il fait partie d'un des plus beaux cadeaux hérités du génie humain. J'en ressens encore toute l'énergie qui s'en dégage.

Anaé et Simon s'étaient à nouveau levés avec des nausées. Je leur tendis le tube bleu de granules posé sur le bureau de notre chambre de Puno.

— Maman, me dit Anaé, il faut apporter les petits cadeaux pour les enfants !

J'avais failli oublier les cadeaux ! Quelques semaines avant le départ, nous nous étions arrêtés au Dollarama[4] du coin en vue d'acheter quelques babioles que nous avions prévu d'offrir aux enfants des iles du Lac Titicaca.

Ce matin, Simon s'affolait à la réception de l'hôtel, le taxi n'était toujours pas arrivé.

Je regardais le document contractuel qu'on nous avait remis. Les informations étaient en espagnol, j'étais la seule à le parler et à le comprendre, apparemment tout semblait en bonne et due forme. Je rassurai alors mon petit monde en priant que le taxi arrive vite, je ne voulais pas rater l'excursion.

« Walaki » avait dit le guide du bateau à l'ensemble du groupe. Le peuple des îles Uros du lac allait nous accueillir sur leur terre et nous devions répondre en cœur « Walaki », tout va bien ! en quechua.

---

[4] Magasin canadien à prix unique

Nous découvrions une île tout en couleurs, les femmes étaient vêtues de longues jupes recouvertes de chemises multicolores, un chapeau complétait leur costume, je compris plus tard la raison pour laquelle elles arboraient ce couvre-chef. Les hommes portaient ce bonnet typiquement péruvien d'où pendaient deux cordons de part et d'autre du visage.

Nous avons navigué à bord de ces bateaux de roseaux sur le lac scintillant. Les Quechuas nous attendaient sur leur terre, leurs joues brulées par le soleil d'altitude. Une petite fille aux cheveux noirs agrippait la jupe de sa mère.

Je fis un signe à Anaé, elle fouilla alors dans son sac à dos pour en sortir les barrettes et les mettre avec délicatesse dans les cheveux de la petite fille. Sa maman nous observait, un sourire éclatant sur son visage bruni. La petite péruvienne repartit joyeuse avec ses deux barrettes dans les cheveux en direction de sa hutte. Quelques secondes plus tard, elle revint vers nous accompagnée d'une dizaine d'enfants.

Je regardais avec tendresse mes filles mettre les barrettes aux fillettes, les garçons tournaient dans leurs mains ces petits objets surprenants que nous leurs remettions. A cet instant, le bonheur de chacun était palpable, cela en était bouleversant.

Le guide s'approcha de nous pour nous remercier de cet instant magique auprès de ces familles. Nous avons quitté cette île le cœur remplit d'une joie indicible. Nos joues, devenues aussi roses que celles des habitants de l'ile, sans nos chapeaux, le soleil les avait légèrement colorées.

Le commencement

En aidant les autres à réussir, on assure notre propre succès.

William A. Feather

Je suis assise devant Chyrelle, dans ce petit bureau blanc et impersonnel, il n'y a rien, aucune déco, si ce n'est une armoire et un bureau derrière lequel elle est assise. Un ordinateur est posé sur une table à roulettes, à côté d'un micro. L'atmosphère est douce, quelques rayons du soleil pénètrent à travers une petite fenêtre en face de moi.

— Voulez-vous me raconter ce qui vous est arrivé ?

Sa voix est douce et chaleureuse, elle veut me mettre à l'aise.

— J'ai subi une opération de la thyroïde du côté gauche.

— Pourquoi avez-vous fait cette opération ?

— J'avais des nodules, surtout un gros, de plus de cinq centimètres, le chirurgien m'a dit qu'il allait jusqu'au cœur, il a alors pris la décision de me l'enlever, mais le bistouri a dû abimer la corde vocale. D'après le diagnostic du chirurgien en ORL[5], j'ai une paralysie du côté gauche.

---

[5] Abréviation d'Oto-Rhino-Laryngologique

Mes yeux fixent ses mains, elle a les doigts jaunes.

— Je vais regarder où se trouve la thyroïde par rapport aux cordes vocales.

Je ressens une légère appréhension, comment pouvait-elle ne pas savoir où se situent les cordes vocales sur la thyroïde ? Elle jette un coup d'œil sur son ordinateur puis d'un air satisfait se retourne vers moi.

— Ok, elles sont devant la thyroïde, elle sort alors une illustration représentant la sphère de la gorge et m'explique la fonction des cordes vocales.

Je regarde son schéma avec attention, je pense à cette voix qui ne ressemble plus à rien, qui a pris place dans mon corps sans mon autorisation. Elle me pourrit la vie depuis un mois et me rend vulnérable. Cette voix aigüe, sans timbre, si faible qu'elle ressemble à celle d'une enfant de dix ans.

— Les cordes vocales, continue-t-elle, sont comme un instrument de musique, elles vibrent quand il y a de l'air ainsi les sons peuvent sortir.

Je continue de regarder ses mains, elle s'en aperçoit :

— Désolée, pour mes mains, hier j'ai jardiné toute la journée, me dit-elle souriante.

— Ce n'est pas grave, moi aussi j'ai un jardin, et ça fait pareil quand je jardine, je pensais que vous fumiez en fait.

Elle sort un formulaire de son tiroir, et commence à me poser des questions.

— Vous êtes mariée ?

— Oui.

— …

— Deux filles.

— Comment s'appellent-elles ?

— Eléa et Anaé.

— C'est joli…

— Merci.

— …

— Douze et quatorze ans.

— ....

— En maison.

— Comment faites-vous pour leur parler quand ils sont loin de vous ?

— Je vais vers eux, j'évite de parler fort, de toute manière je ne peux plus parler ni crier.

— C'est bien.

— ....

— Oui.

— ....

— De temps en temps, je médite, ça me fait du bien.

— Que prenez-vous le matin ?

— J'ai arrêté le lait de vache, je ne prends que du lait de soja ou d'amande.

— Vous voyez la différence.

— Non.

— ....

— Du silicium et du magnésium, et aussi de la vitamine B9, pour le système nerveux, c'est mon chirurgien qui m'en a prescrit.

— Votre chirurgien ?

— ...

— J'ai peur de rester invalide, il m'a dit que je faisais partie du pourcentage de personnes qui perdent la voix au cours de cette opération. Elle ne me ressemble pas, ce n'est pas ma personnalité. J'ai peur de ne plus trouver de travail, j'ai démissionné il y a quatre mois.

Mes larmes coulent, je me sens si impuissante à ce moment. Elle me tend un paquet de mouchoirs avec tendresse.

— Je travaille dans un hôpital, parfois je ne suis pas d'accord avec ce que font les médecins, m'avoue-t-elle. Ils ont un ressenti de toute puissance quand ils réussissent. Les erreurs font partie du pourcentage normal d'échecs, souvent ils ne les assument pas.

— Vous pensez que je vais retrouver ma voix, celle d'avant.

— J'ai permis à certains patients de la récupérer, alors qu'il n'y avait aucune chance, il ne faut pas se baser sur les statistiques, je ne me fie pas aux statistiques.

— On va faire des tests avec l'ordinateur, prenez le micro. Je ne vais pas vous enregistrer, d'ailleurs je n'ai pas le magnétophone, portez le micro à deux doigts de votre bouche et dîtes le son « Z.»

J'approuvais de la tête, j'étais d'accord avec ce qu'elle affirmait.

Mon intuition me disait que je pouvais lui faire confiance, j'étais entre de bonnes mains, elle allait m'aider. Après toute une batterie de tests, elle me dit que j'avais gardé un son grave, alors que j'avais cette impression d'un timbre tellement aigu.

— Vous pensez alors que je vais retrouver la même voix qu'avant.

— Je ne sais pas comment était votre voix avant.

J'eus alors l'idée de lui faire écouter le message que j'avais enregistré il y a quelques mois sur la boîte vocale de mon portable. Elle l'écouta attentivement. Je l'écoutais aussi avec plein d'émotion, le timbre était si parfait.

— Pensez-vous que je vais la retrouver ?

— Vous ne retrouverez pas la même voix, la voix change, je n'ai plus la même voix qu'il y a dix ans. Vous aurez une voix que vous aimerez tout autant, croyez-moi vous ressortirez grandie de cette expérience.

À ce moment, la réponse me convenait, j'étais bien.

Elle sortit un tapis de yoga qu'elle recouvrit d'un drap et me demanda de m'allonger et de me détendre, les paumes de main vers le ciel.

— Il nous reste cinq minutes, je vais vous faire un exercice de relaxation, vous savez je ne suis pas une « orthophoniste traditionnelle », je suis également professeur de yoga. Pouvez-vous enlever vos chaussures et vous allonger sur ce tapis ?

Elle se mit à faire des mouvements de bascule avec mes pieds.

L'exercice dura dix-huit minutes. Je me sentais détendue, surtout au niveau de ma gorge, la voix avait pris une teinte différente. Quand elle me demanda de mettre une note, je l'ai évaluée à deux sur dix.

Ce jour-là, je suis repartie avec une série d'exercices à réaliser, j'étais heureuse, et en confiance.

Je refermai la porte du cabinet derrière moi, ce qu'elle m'avait dit tournait en boucle dans ma tête « Je ne suis pas une orthophoniste traditionnelle. » Comme une étincelle, un évènement que j'avais enfoui au plus profond de mon être ressurgit de plein fouet.

Le choix

On a toujours le choix. On est même la somme de ses choix.

Joseph O'Connor

Quoi qu'on en dise, nous sommes libres de nos actes, nous avons le choix. Affirmer l'inverse reviendrait à ne pas prendre ses responsabilités, ne pas oser, par peur.

Ce jour-là, j'ai eu le choix, un choix certes difficile à prendre. Nous sommes en août et venons de laisser nos filles chez leurs grands-parents en région lyonnaise. Simon et moi sommes comme deux amoureux qui se retrouvent après un long moment, bercés par un sentiment de légèreté, délestés de toute contrainte.

Simon décide de passer par l'Italie pour rajouter un côté romantique à notre escapade.

Ma main se glisse dans la sienne, nous découvrons Turin et sa foule de touristes venus peut-être comme nous pour une nuit.

Dans cette ambiance latine, nous nous installons dans un petit restaurant aux couleurs locales. Un serveur nous apporte les spécialités de la maison et remplit nos verres. Nous parlons de nos projets, de nos filles, de notre bonheur.

Grisés par le vin, nous savourons encore cet instant dans les rues qui ont retrouvé leur sérénité, avant de regagner non loin de là, notre chambre d'hôtel.

Nous nous laissons séduire mutuellement comme lors de nos premiers rendez-vous.

Les bruits des passants Italiens déambulant dans les petites rues nous parviennent alors que nos corps ne font qu'un, tels deux amants embrasant les flammes de l'amour.

Ce matin, Aléa est de mauvaise humeur, elle n'écoute pas, elle se tient debout devant le miroir de la salle de bain, je la bouscule un peu, elle se met à bouder.

Depuis la rentrée, j'amène ma fille à l'école, elle prend ses marques et contrairement à certains enfants, elle ne pleure pas quand je la laisse. Je viens de commencer une formation d'anglais, mais avant je décide de faire un détour pour récupérer mes analyses de sang au laboratoire. J'ai des projets plein la tête, après ces années d'inactivité, je souhaite retrouver un poste dans le milieu du voyage.

La biologiste me remet les résultats :

— Félicitation, me dit-elle, vous êtes enceinte !

Ma tête tourbillonne, je pense à ma formation d'anglais, mes prochains entretiens, mes nuits qui ont repris un rythme de croisière et ma silhouette qui affiche fièrement une allure plus svelte.

C'est loin d'être le meilleur moment pour accueillir un nouveau-né ! Le soir même, j'en parle à Simon qui est fou de joie. Deux ou trois enfants ne font pour lui aucune différence, il vient lui-même d'une famille nombreuse. Le voilà qui se projette et commence à faire une liste des changements à apporter pour accueillir le bébé. Je le regarde abasourdie. Je n'avais pas prévu de porter la vie, je ne suis pas prête à revivre ces trois mois de nausées, Anaé vient d'avoir un an, elle fait tout juste ses nuits.

À mon tour, j'imagine le bébé, et si c'était un garçon ! Et si…

Le médecin nous a dit que nous avons quinze jours devant nous pour prendre notre décision. Nous avons le choix, le choix d'agrandir notre famille et d'offrir à nos deux filles un petit frère ou une autre petite sœur ou celui d'interrompre le cours d'une vie.

Ce jour-là, nous avons fait ce choix et avons pris nos responsabilités.

Au fil de l'eau

Faites toujours de votre mieux, ce que vous plantez maintenant, vous le récolterez plus tard.

Og Mandino

Comme d'habitude, je prends le métro, la ligne jaune en direction de Côte-Vertu. Mon rendez-vous est fixé à dix heures avec Chyrelle.

Chaque jour, je pratique assidûment les exercices qu'elle me donne. Assise sur le canapé, je m'amuse à tirer la langue, celui que je préfère c'est d'imaginer une plume qui me caresse les maxillaires, cette visualisation me détend.

— Vous allez bien ?

— Pas pire.

Elle me sourit, elle est assise comme à son habitude derrière son bureau, paisible et sereine...

— Aujourd'hui, on va procéder à cet exercice. Asseyez-vous et reculez votre chaise, parlez-moi de ce que vous avez fait dernièrement.

Je réfléchis un moment, puis je décide de lui parler d'Halloween. Ce jour-là Eléa est sortie avec ses amies, il y avait à l'affiche Ouija en version anglaise, Anaé, elle, a préféré faire la collecte de bonbons dans les rues animées. Toute la ville est déguisée, les habitants ont décoré leur maison de créatures impressionnantes, des tombeaux sont disposés devant les bâtisses et des squelettes plantés tout autour. On se croirait en plein tournage du clip « Thriller. » Je recule ma chaise.

— On s'est fait un restaurant, nous n'étions que tous les deux.

Comme d'habitude je trouve le son de ma voix vide de toute teneur, sans consistance, banal, cette tonalité aigue m'exaspère.

— Racontez-moi, qu'est-ce que vous avez mangé ?

Je lui détaille alors le menu, ma voix fébrile baisse d'une tonalité au fur et à mesure que j'avance dans le récit.

— Le serveur pensait que j'avais fait la fête, je lui ai répondu que j'aurais bien aimé ! Vous savez, on a du mal à m'entendre dans les lieux bruyants, j'ai dû demander un coin au calme pour que l'on puisse parler tranquillement, mais malgré ça, avec le fond musical et le bruit des voix, on ne m'entendait pas vraiment.

Elle se lève de sa chaise, s'approche, mon regard se pose sur sa tenue. Elle porte un pantalon clair à pattes d'éph, ses souliers semblent venir d'un autre temps. Je songe que ses vêtements sont en décalage avec sa personne. Cela ne me choque pas plus que ça, c'est juste un constat.

Avec elle, j'ai la sensation d'être dans un cocon, elle me fixe de ses yeux en forme de fente pareils à deux petits filets d'eau bleu foncé, elle se tient debout devant moi. Plus rien ne semble exister. C'est comme si nous étions seules dans cet univers.

— Levez-vous, on va faire l'exercice du chien.

Elle se met alors à aboyer à tue-tête.

J'éclate de rire.

— Allez ! faites comme moi, aboyez.

Nous nous mettons donc à faire le chien, elle s'arrête de temps à autre pour m'écouter, puis reprend de plus belle.

Ce jour-là, en sortant de son bureau, je sens un changement réel dans ma voix, elle semble reprendre des couleurs, elle pointe sur son cahier la note que j'attribue à ma voix.

Je me souviens qu'un jour j'arrive à la consultation désespérée.

— Je vous attendais.

— Au moins, il y a quelqu'un qui m'attends ! ai-je répondu sèchement.

Elle me regarde intensément.

— Que se passe-t-il ?

Je lui relate la réunion post-opératoire qui a réuni l'équipe chirurgicale la semaine précédente. Ils se sont penchés sur mon dossier et ont décidé qu'une seconde opération s'avérait nécessaire.

— Ils ont diagnostiqué des nodules suspects du côté droit, ni bénins, ni malins mais suspects, la conclusion a été remise à mon endocrinologue.

A cet instant, je sens monter une vague d'émotion, mes larmes coulent.

Elle me tend son paquet de mouchoirs en papier, et avec bienveillance, m'invite à continuer.

— J'avais rendez-vous avec mon endocrinologue en fin de journée, j'ai reçu un appel de sa secrétaire juste avant de venir vous voir. Elle m'annonçait que la consultation était annulée, les résultats n'étaient pas arrivés.

Ce jour-là, nous avons beaucoup échangé, elle me donne ses ressentis, je lui confie mes peurs, mes craintes, elle m'écoute. J'ai l'impression d'être un crabe minuscule qui s'agrippe à un rocher. Le rocher c'est elle.

— Je ne vous laisserai pas tomber, me dit-elle.

Avec elle, je ne sens aucune gêne, il y a cette réciprocité entre nous, comme si nous nous connaissions de longue date. Je ressens aussi sa part de fragilité, une sensation inexplicable, c'est vraiment un sentiment étrange. Il y a comme quelque chose de magnétique. Nous dépassons à chaque fois le temps imparti aux séances, sans même nous en rendre compte. Plusieurs fois, il lui est arrivé consciemment ou pas de s'épancher sur ses états d'âme.

Cette fois encore, elle me demande de m'allonger sur ce tapis de yoga et de fermer les yeux, elle s'assoit comme l'autre fois et commence les mouvements de bascule avec mes pieds.

Je quitte le cabinet dans un tout autre état d'esprit, détendue et positive. Le temps s'est arrêté sans que nous nous en soyons rendu compte, la consultation a duré plus de deux heures. Sur son cahier elle a pointé la note de six sur dix.

Sur le chemin du retour, une sensation étrange m'envahit, je suis redevenue la petite fille de jadis dont on prend soin.

Le sacrifice

Quand tu aimes quelqu'un, tu le prends en entier, avec toutes ses attaches, toutes ses obligations. Tu prends son histoire, son passé et son présent. Tu prends tout ou rien du tout.

RJ. Ellory

La Bretagne, mon océan d'eau salée qui se laisse pénétrer goutte après goutte de cette pluie fine et incessante. Des souvenirs de galettes au sarrasin cuites au beurre salé, mon enfance avec ma grand-mère. Si je voulais faire simple, cela pourrait être l'histoire de mes sept premières années.

Maman a vécu sa grossesse seule sans le soutien de mon père pour l'accompagner. Non seulement elle l'a passée seule, mais il l'a quittée en la laissant avec son bébé.

Mamie a perdu son mari quelques années avant ma naissance. Ensemble, ils ont élevé sept enfants. Elle se retrouvait désormais seule face à elle-même, dans cet appartement devenu bien trop grand.

J'ai trois mois, maman doit me faire garder pour reprendre son activité dans ce grand groupe en région parisienne.

— Je peux la garder si tu veux, je suis seule maintenant.

— Je ne pense pas que ce soit une bonne idée, j'ai trouvé une nourrice proche du domicile.

— J'aimerais vraiment l'avoir avec moi, je n'ai plus personne maintenant, je m'occuperai d'elle.

— ...

— Sinon, cela ne sert à rien que je continue...

Je revois cet appartement au troisième et dernier étage sans ascenseur. Il a l'air si grand avec sa lumière extérieure qui illumine et réchauffe les pièces. Il y a aussi ce petit balcon d'où l'on peut voir le Blavet[6] traverser Hennebont. Souvent, je me tiens là, derrière la baie vitrée pour observer ces maisons de crépi blanc aux toits d'ardoise.

J'ai trois ans, je vais à l'école maternelle du village. Je porte une blouse à carreaux de toutes les couleurs qui se ferme sur le côté, ce matin, Mamie m'a fait deux tresses.

— Pourquoi t'es sale ?

— Je ne suis pas sale !

— Mais si, ton visage, il est noir.

---

[6] Fleuve côtier de Bretagne

J'ai compris plus tard, que nous étions la seule famille de couleur dans ce petit village. La plupart de ceux qui demeuraient là, étaient des Bretons de pure souche, ils vivaient là depuis des générations.

J'aime l'école, je me souviens de mes jeux dans cette vaste cour avec son grand bac à sable.

Mamie vient me chercher à la sortie, elle a des cheveux gris coiffés en chignon serré qui mettent son visage en valeur.

Ce jour-là, elle a cet air bizarre. Je n'aime pas ce regard. J'ai mal au ventre et ne veux pas la suivre, je traîne des pieds pour qu'elle me laisse là, à l'école.

Je prends souvent le train avec Mamie. Une fois, nous nous sommes rendues à Lyon pour rendre visite à mon oncle, l'ainé de ses enfants. Il m'impressionne beaucoup avec son crâne chauve et sa stature imposante.

J'ai quatre ans, je décide à ce moment de le défier, j'ai dans la main un stylo à la pointe rétractable et me tiens assise sur un fauteuil en face de lui.

— Regarde ! il est fermé, je lui montre le stylo.

Il me regarde derrière ses lunettes pendant que je continue mon jeu.

— Là, il est ouvert, je tourne habilement le stylo dans mes petites mains.

Il continue de me fixer d'un air sévère.

— Je peux m'écrire dessus, je n'aurai pas d'encre.

— Attention à toi si tu t'écris dessus.

— Ben non, parce qu'il est fermé, j'enchaîne mon manège joyeusement.

— Si tu t'écris dessus, je te donne une fessée.

— Ben non, le stylo, il est fermé.

Je poursuis mon jeu en toute confiance, j'oriente le stylo vers mon bras et me mets à faire des ronds dessus tout en continuant de le fixer.

Les traits de son visage se mettent d'un coup à se déformer, mon regard se porte alors sur mon petit bras, je sens mon corps se figer, comme alerté d'un danger imminent, je comprends.

D'un éclair, je bondis pour me cacher sous la table ronde au milieu du salon. Ce jour-là, j'ai reçu la pire fessée de ma vie.

J'ai quatre ans, Mamie est allongée sur le sofa du séjour, les rideaux sont fermés. Elle a son air bizarre et ses cheveux blancs frisés autour du visage. Je n'aime pas quand elle est comme ça.

— Je veux aller à l'école.

— Non, je suis fatiguée.

— Je veux y aller, je ne veux pas rester ici. Je me mets à pleurer...

Je me souviens être sortie de l'appartement, avoir descendu les trois étages et m'être assise sur les marches de la résidence. J'attendais qu'on vienne me chercher, qu'on m'emmène ailleurs, loin d'ici.

Notre voisine du dessous m'a récupérée, j'ai joué avec ses deux enfants.

De cette période, j'ai gardé très peu de souvenirs de maman. Ceux que j'ai, sont des moments tendres et agréables.

J'ai trois ans, mamie a encore ses yeux hagards et ses cheveux ne sont pas attachés en chignon, ils flottent autour de son visage. Elle parle toute seule et fort. Elle a déposé tout plein de choses sur son lit. Elle se raconte, elle confie sa souffrance à sa petite fille qui ne comprend pas bien.

— Je suis juive, maman était juive elle s'appelait Anna. Elle était Peule[7]. Je suis fière de ce que je suis. J'aurais pu être riche, papa était Bordelais, je ne manquais de rien, j'avais tout. Tu es comme moi, on a le même sang.

Je la regarde, je n'aime pas la voir comme ça, elle continue de parler fort et de s'agiter. Elle sort d'un placard un petit verre et une bouteille de liquide transparent. Elle le remplit, le boit puis s'arrête.

— Tiens goutte, c'est bon !

— Non, je ne veux pas !

— Goutte, je te dis !

---

[7] Peuple d'Afrique de l'Ouest

Je bois ce qu'elle me tend. Elle semble heureuse dans son univers.

J'ai cinq ans, Mamie m'accompagne à mes séances d'orthophonie, elle a fait son beau chignon. Nous prenons le bus. Quand elle reviendra me chercher, elle me tendra mon pain aux raisins.

On ne me comprend pas quand je parle, on me fait toujours répéter plusieurs fois. Les personnes me regardent d'un air étrange, je les sens désabusées.

Je suis en grande section, nous sommes assis autour de l'enseignante.

— Dis maîtresse, je passe en CP[8] ? lui demande la nouvelle élève.

— Oui, toi tu travailles bien.

— Et moi ? lui demandais-je.

— Non, tu ne parles pas encore bien…

J'ai six ans, Mamie a parlé toute la nuit, elle a sorti toutes ses affaires et les a mises

---

[8] Abréviation de Cours Préparatoire et 1ère classe élémentaire du système français

sur le lit, ses cheveux blancs frisés sont défaits, elle ressemble à une lionne.

Au petit matin ma tante est arrivée de Marseille, elle semble fâchée de voir Mamie comme ça. Elle se met à pleurer. Elle me dit que je n'ai pas été gentille d'avoir mis Mamie dans tous ses états. Puis, elle l'a allongée pour qu'elle se repose. Je dois être sage et ne pas faire de bruit.

Peu de temps après, je fais la rentrée des classes à Marseille. Je suis heureuse car nous logeons chez ma tante et mon oncle qui vont avoir un bébé. J'aime ces journées où elle vient me chercher.

J'ai quatre ans, Mamie a préparé du chocolat chaud et des tartines de beurre salé, Jeanne notre petite voisine vient prendre le goûter avec nous. On joue ensemble, je me sens alors moins seule. Elle est un peu plus âgée que moi. Parfois nous nous rendons en bas de la résidence où se trouvent des balançoires et des tourniquets. Nous faisons des parties de cache-cache dans les tipis installés en contre-bas. Je vis là des bouts heureux de mon enfance.

J'ai sept ans, maman m'a récupérée. Elle est dans un appartement en banlieue parisienne. Je découvre une petite fille de trois ans, un monsieur vit avec elles.

C'est ma sœur, désormais je ne serai plus seule. Le monsieur, a l'air gentil, je redécouvre maman, mais inconsciemment je sais que le lien s'est brisé.

Je me souviens d'une scène, j'ai huit ans, Mamie est venue nous rendre visite.

— Range tes chaussures ! dit mon beau-père.

La paire de sandales traîne dans le séjour. Je fais autre chose et ne l'écoute pas, j'entends au loin des énervements et une pression qui monte.

Il arrive avec la paire de sandales dans les mains et me les lance.

Mamie s'énerve, elle s'approche de lui.

— Ne la touche jamais, ne lui fait aucun mal, ou tu auras affaire à moi, lui dit-elle dans une rage folle.

Je comprends que Mamie m'aime et que la vie ne l'a pas épargnée elle non plus.

J'en ai surtout pris conscience à l'adolescence. Elle me considérait davantage comme sa fille. Elle me privilégiait par rapport à ses autres petits-enfants. Peu importe ce que je lui demandais, elle me l'offrait toujours. « Tu es comme moi » m'a-t-elle dit un jour.

De retour au bercail

Le bonheur n'est pas une chose toute faite, il découle de vos propres actions.

Dalaï-lama

Du haut de mes sept ans, je quitte ma province bretonne, l'air iodé et les galettes au sarrasin, mon huis clos avec Mamie prend fin.

Je me retrouve dans cet univers où des immeubles de douze étages remplacent les petites résidences, la vue donne sur un parking où il n'y a ni balançoires, ni toboggans. Les petites maisons blanches aux toits d'ardoise ont disparu du paysage. De grands bâtiments jaillissent de toutes parts. Un bruit discontinu de voitures couvre le silence.

Je partage ma chambre avec ma nouvelle petite colocataire. Je ne joue plus seule, ma sœur est là. Je dois apprendre à m'adapter au décor de mon nouveau foyer.

— Je peux t'appeler papa ?

— Tu sais, je ne suis pas ton papa, appelle moi Patrick.

Il a l'air gentil, j'aurais tant aimé l'appeler papa. Les copines de ma classe me parlent de leurs parents, sur leurs cahiers, il y a les deux signatures. Un jour, j'ai demandé à Patrick de signer à côté de celle de maman, le lendemain, j'étais fière de montrer mon cahier à l'enseignante.

Maman a remarqué que je ne marche pas très bien et nous allons consulter un orthopédiste. Je dois maintenant porter de grosses chaussures bleues qui semblent tellement énormes à mes pieds.

J'aime le dimanche, Patrick nous amène en forêt de Fontainebleau, nous préparons le pique-nique et nous nous évadons pour la journée respirer le grand air.

Je prends très au sérieux mon nouveau rôle de grande sœur. J'aime lui faire découvrir ce que j'apprends à l'école, elle m'écoute attentivement. Elle a cette facilité d'apprentissage étonnante pour son jeune âge. Parfois, les rôles s'inversent.

Je me souviens d'un poème de Jean Tardieu « Comment ça va sur la terre », maman me le fait réciter, j'ai beaucoup de difficulté à le retenir. Elle est assise dans la cuisine et elle m'écoute. Je le reprends pour la énième fois, puis une petite voix poursuit la poésie jusqu'à la fin.

Je prends ma place au sein de cette famille, au fil des mois puis des années. Mon énergie déstabilise parfois mon entourage et mes enseignants, je mets tant d'ardeur à leur montrer que j'existe.

J'aime ma sœur plus que tout, elle m'apporte la sérénité et la douceur qui m'ont tant manquée. Souvent, elle s'interpose entre maman et moi pour prendre ma défense.

Sept années s'écoulent comme un long fleuve tranquille, elles m'apportent la douceur de vivre, mais surtout, je savoure la merveilleuse relation que j'entretiens avec ma sœur.

Et si on choisissait sa famille !

Tous les événements sont des bénédictions qui nous sont données pour que nous apprenions.

Elisabeth Kubler Ross

Je suis née le jour de la Fête des Lumières de Lyon. J'imagine que cette journée devait être pour maman comme une lumière éteinte dans ce petit hôpital de la banlieue parisienne.

Mon âme dans ce petit corps chétif se devait d'être forte pour accepter ce qu'allait être mon devenir. J'ai passé mes trois premiers mois dans son sein, bercée par le folklore des Antilles.

Si j'avais pu jeter mon dévolu sur une famille, laquelle aurais-je choisie ? Maman, travaillait comme secrétaire dans un grand groupe, elle venait d'être abandonnée par mon père. Elle allait refaire sa vie et aurait quelques années plus tard ma sœur. J'aurais certainement élu ma propre famille pour déterminer mon existence et chambouler un univers préétabli.

Je me sentais très proche de ma sœur. J'aimais sa bienveillance à mon égard, j'étais comme protégée. J'ai toujours pressenti que sa vie sur Terre serait de courte durée, je ne pourrais pas dire pourquoi, ni comment. Je profitais intensément des moments que je vivais avec elle, comme si c'étaient les derniers.

Des événements dramatiques peuvent-ils être ressentis avant même qu'ils ne se produisent ? Je ne m'étais pas trompée, ma sœur devait décéder quelques années plus tard d'un accident de la route.

La souffrance que j'ai ressentie dans chacune de mes cellules est certainement à l'origine de ma détermination à obtenir ce qui est bienveillant pour moi.

Encore une fois, les sept années qui suivirent allaient être des moins sécurisantes pour l'adolescente que j'étais. Maman était redevenue célibataire et elle essayait tant bien que mal de sortir la tête de l'eau après le décès de ma sœur. Je luttais pour ne pas être entraînée dans son tourbillon vertigineux, dans la noirceur de ces eaux, dans ces sables mouvants où l'on pouvait s'enfoncer à chaque pas, si l'on n'y prenait garde.

Je ressentais une solitude profonde, le sentiment d'être incomprise de ma famille. Je me trouvais là en plein cœur d'un chaos, je les voyais s'entraider les uns les autres, moi à l'écart, je suivais difficilement mon chemin de croix.

Je vécus cette période comme une blessure supplémentaire. Le lien avec maman devenait de plus en plus ténu. Plus rien ne nous attachait l'une à l'autre hormis le lien du sang. Rancœurs et blessures remplaçaient amour et compassion. Je me sentais de plus en plus étrangère à cette famille. Je fuyais ces soirées où le verbe était haut, où flottaient les effluves d'alcool et la fumée de cigarette.

Ce que j'aimais, c'était cette musique qui me transportait et m'enivrait, l'essence même des Caraïbes. Elle représentait mes racines, la profondeur même de tout mon être et mon état d'esprit.

S'il m'avait été possible de choisir ma famille avant mon arrivée sur terre tout en connaissant les épreuves que j'allais affronter, j'aurais sans aucun doute choisi la mienne.

La prise de conscience

Je ne sais où va mon chemin, mais je marche mieux quand ma main serre la tienne.

Alfred de Musset

Ce jour-là j'ai rendez-vous au service laryngotomie, c'est le début de l'après-midi.

Je me tiens debout dans la salle d'attente du service. Un homme d'une soixantaine d'années est assis, il éprouve de la difficulté à respirer, il tousse beaucoup et fort et tente de se soulager en buvant quelques gorgées d'eau. Une canule apparaît à l'endroit de sa gorge. Je pense qu'il a dû subir une trachéotomie.

Chyrelle arrive souriante, dit quelques mots à la réceptionniste puis s'avance vers moi. Je la suis dans une salle pour commencer la séance. Elle ouvre la porte et me dit de son air naturel : « Aujourd'hui on ne va pas danser, il y a beaucoup trop de monde dans le couloir ! »

Je lui souris et lui fais non de la tête, j'ai alors des flash-backs de notre dernier entretien où elle avait mis de la musique à fond, elle avait initié quelques pas de danse et je l'avais suivie, l'exercice consistait à parler au-dessus des décibels. Nous avions bien ri.

Cette salle est différente, elle est réservée aux médecins. Les bureaux sont collés contre le mur. Elle prend deux tabourets et les place l'un en face de l'autre.

— Votre voix va beaucoup mieux, je n'entends plus de sonorités étranges, vous pouvez oublier l'opération.

— C'est vrai, je parle beaucoup plus fort, ma voix porte davantage dans les lieux publics.

Puis je m'arrête, je voulais évoquer mon insatisfaction quant au timbre de ma voix.

— Ma voix ressemble à celle d'une mamie !

Elle m'observe de son visage doux, rempli de compassion.

Je la regarde mettre ses doigts dans ses cheveux et procéder à des petits mouvements circulaires. Je m'essaie à l'exercice et ressens immédiatement une sensation de détente, ça me fait beaucoup de bien. Nous nous regardons les yeux dans les yeux tout en nous massant les cheveux. Je remarque qu'elle ne me lâche pas du regard. À cet instant, je sens une vague d'amour m'envahir aussi puissante que la brûlure d'un feu intérieur. Mes sentiments explosent sans crier gare.

Durant tout ce temps, elle a pris soin de moi, elle m'a accompagnée avec douceur et bienveillance tout au long de mon parcours. Je me suis laissée guider comme une enfant, constatant jour après jour l'évolution de ma voix. Mes proches ont également remarqué cette transformation. Je me suis confiée sur mes craintes, mes peurs et mes attentes, elle a su me rassurer de son mieux.

Je sens la fin approcher, je ne suis pas prête à laisser cette âme bienveillante qui me donne du courage et de l'allant, qui me comprend si bien, qui exprime les mots et les ressentis que je ne parviens pas à formuler. Elle est comme le prolongement de moi-même, de ma pensée. Je veux encore un peu d'elle, juste un peu de cette douceur, de cet amour qui va tant me manquer. À cet instant, un déclencheur se met en marche, je ne peux mettre aucun mot dessus, aucune signification, mais je suis loin de savoir que ce qui est en train d'arriver va bouleverser ma vie.

Je sors de la salle en lui indiquant un neuf sur dix. Dehors, la neige épaisse recouvre les trottoirs de Montréal, il fait froid, la température est encore descendue, j'ai le cœur chaud, je suis comme dans un cocon d'amour. Soudain, je me sens transportée dans les profondeurs de mon adolescence, cette année particulière qui a marqué mon être au fer rouge.

L'épreuve

Quelquefois l'avenir habite en nous sans que nous le sachions, et nos paroles qui croient mentir dessinent une réalité prochaine.

Marcel Proust

Nous nous affairons à préparer le passage à la nouvelle année. Le ciel est gris, il annonce une journée triste. Je sais que nous ne serons que maman, ma sœur et moi pour ce nouvel an. Maman vient de se séparer de mon beau-père. Audrey a sorti tous ses jouets et s'amuse paisiblement dans la chambre.

Je souhaite au plus profond de mon cœur passer ce réveillon chez ma tante et mon oncle, on s'amuse toujours chez eux. J'attends ce coup de téléphone qui nous annoncerait : « Alors, qu'est-ce que vous faites, on vous attend ! »

Je demande régulièrement si Tatie a appelé, maman me répond que non, nous ferons la fête toutes les trois. « Tu achèteras des cailles et des pruneaux pour les farcir, tu prendras une bûche pour le dessert, on va bien s'amuser. »

C'est sûr, ma tante n'allait pas nous inviter, nous venions de passer Noël chez elle. Je prie tout bas pour que malgré tout, cet appel survienne.

Je me rends à la petite supérette pour acheter ce que maman m'a demandé, tout en continuant de prier tout bas pour que mon souhait se réalise.

La nuit commence à tomber et à cet instant, je sais que personne n'appellera et que nous passerons la nouvelle année seules.

Je remarque que maman pleure dans la cuisine, elle se verse quelques verres pour se donner du courage. Ma sœur a mis de la musique et danse dans le séjour. A minuit maman appelle sa sœur, je l'entends lui parler et lui confier son chagrin. Audrey s'est endormie dans le petit lit jumeau à côté du mien.

Cette nuit je ne parviens pas à fermer l'œil, je suis submergée par une vague de tristesse, j'entends la respiration régulière de ma sœur, je sais que maman pleure dans sa chambre. Malgré moi, je pressens que cette année sera particulière.

— Allez, reste, on va jouer à la Barbie, j'ai une super histoire en tête ça va être génial !

— Non, me répond ma sœur, je vais avec maman.

Ce sont les vacances de Pâques, maman doit aller chercher la femme de mon parrain pour le déjeuner. Elle a passé son permis de conduire deux ans auparavant, et elle est heureuse de pouvoir rendre service à ceux qui n'ont pas de voiture.

— Allez ! S'il te plait reste avec moi.

Mais ma sœur me tient tête, elle est la plupart du temps dans les jupes de maman et ne veut pas s'en décoller. Elle veut absolument l'accompagner.

— En attendant, je vais coudre des habits pour nos poupées, quand tu reviendras on jouera, d'accord ?

Les voilà parties. Ma sœur remonte, elle a dû oublier quelque chose, puis elle repart en claquant la porte derrière elle.

Je m'active à la confection des habits avec de vieux tee-shirts et conçois deux petites robes. Une fois mon ouvrage terminé, j'allume le téléviseur et tombe sur un film qui raconte l'histoire d'amour d'un jeune couple trisomique, ça me captive. Le téléphone sonne.

— C'est tonton, me dit une voix grave au bout du fil. Tu sais, il s'est passé quelque chose de grave.

— ...

— Ta maman a eu un accident de voiture, un camion leur est rentré dedans.

— C'est grave ?

— Oui.

— ...

— Elles sont à l'hôpital, il est tard... Je viens te chercher.

Ma tête se met à tourner, un accident de voiture, c'est grave. Audrey est hospitalisée. Je retourne dans la chambre. Je vois les deux petits vêtements que j'avais fabriqués posés sur le lit. Et dire que je lui avais demandé de rester à la maison pour jouer avec moi...

Je prends un sac, y mets quelques affaires et rejoins mon oncle.

L'enterrement de ma sœur est prévu dans la matinée. Cela faisait quatre jours que je séjournais chez mon oncle et ma tante. La nuit de l'accident, j'avais prié de toutes mes forces pour que ma sœur s'en sorte. J'ai maudit ce camion.

L'accident a été mentionné sur le journal local : « Un chauffeur en état d'ébriété fonce sur deux véhicules à l'arrêt et provoque plusieurs blessés. »

Les pompiers sur place avaient perdu du temps à me chercher, maman leur avait dit qu'elle avait deux enfants. Ils pensaient que j'étais aussi à bord du véhicule.

Ma petite sœur était à l'arrière, sans ceinture de sécurité. A cette époque, le port de la ceinture n'était pas obligatoire, d'ailleurs, je crois bien qu'il n'y en avait pas à l'arrière. Elle a été éjectée et gravement blessée, elle est décédée le lendemain.

Je me souviens à quel point l'annonce de sa mort a été éprouvante. J'ai pleuré toutes les larmes mon corps dans cette petite cuisine entre mon parrain et ma tante.

De nombreuses personnes se sont déplacées, certaines d'entre-elles que je n'avais pas revues depuis des années. Des amies d'école sont présentes, elles sont venues déposer un petit socle sur sa tombe. Je n'ai pas voulu voir son corps avant sa mise en terre.

Je n'ai pas pleuré ce jour-là, mais je ne me doutais pas à quel point mes larmes couleraient bien plus tard et avec une telle intensité.

A quatorze ans, une partie de moi était amputée et tout un pan de mon enfance disparaissait.

De chair et d'os

Nous sommes comme des noix, nous devons être brisés pour être découverts.

Khalil Gibran

J'ai raté ma course, ce jour-là je suis restée dans les starting-blocks. Ce faux départ m'a déstabilisée. Je sens qu'Armand est déçu, il ne dira rien. Il a tout fait pour que je participe à ce championnat des Hauts-de-Seine des juniors malgré mes chronos minables, j'ose à peine le regarder, je me sens honteuse.

Nous visionnons les entraînements, Dorothy ressemble à une déesse africaine, elle court comme une gazelle avec ses jambes interminables. Elle gagne coup sur coup toutes les compétitions. Armand l'a mise aux deux mille mètres. Je regarde ma course du cent mètres, mes foulées sont véloces et plus courtes.

Nos entraînements sont différents, mes cuisses deviennent plus robustes. Armand nous remet un feuillet avec les aliments à privilégier comme des céréales complètes et moins de sucreries.

J'aime discuter de mes courses avec Harry un de mes oncles. Le week-end, nous courrons ensemble, il est comme un coach sportif pour moi, il me donne de précieux conseils pour améliorer mes foulées.

Nous revenons en sueur de nos séances, nous courrons à chaque fois plus de cinq kilomètres.

Je me change, j'enlève mon bas de survêtement et enfile un short puis entre dans le séjour, maman est là, elle discute avec ma tante. Mon oncle me voit arriver.

— T'aurais pas un peu grossi des cuisses, toi !

Je reçois la remarque de plein fouet, quand je m'installe à table, les plats posés m'apparaissent tout à coup comme dangereux.

Au fil du temps, je diminue de plus en plus la quantité de mes repas, mon oncle m'incite à supprimer la viande et à la remplacer par des protéines végétales, ce que je fais. Mon poids baisse en même temps que les quantités dans mon assiette. Le miroir me renvoie le reflet d'une silhouette plus svelte.

Je remplace le sprint[9] par le basket et le plaisir par la frustration. La nourriture devient mon ennemi quotidien. Je ne partage plus mes repas, je mange seule.

---

[9] Course de vitesse sur une courte distance

Mon oncle m'initie au jeûne pour purifier mon organisme. Désormais, mes week-ends ressemblent à des retraites de purification en solitaire.

Je suis contente quand mon entourage remarque mon corps plus mince puis plus maigre. Je m'affame chaque jour davantage et j'atteins progressivement un poids de quarante kilos pour un mètre soixante-cinq.

Un jour à la sortie du lycée, je m'arrête devant la vitrine d'une pâtisserie pour contempler toutes ces saveurs, elles sont comme une intrusion dans mon cerveau affamé. Je salive devant ces textures que j'avais occultées depuis quelques mois.

Un article me revient en mémoire, une jeune fille mangeait ce qu'elle voulait et se faisait vomir ensuite pour ne pas prendre de poids et même en perdre.

Qu'elle idée ingénieuse, c'était en effet la solution pour ne pas grossir. J'instaurai donc ce rituel une fois par semaine.

J'ai encore vomi, j'ai trop mangé, je n'aurais pas dû. Je me sens si mal, tellement coupable. Je ne mets plus mes deux doigts dans la bouche maintenant, je n'ai plus qu'à me pencher et m'accroupir, ça sort tout seul.

Mon poids joue au yoyo ces derniers mois en même temps que mon cerveau et mes relations avec les autres. Je me sens seule et incomprise, la nourriture me remplit et me désemplit.

Maman s'énerve quand elle trouve des restes de repas dans ma chambre ou quand elle cherche la boîte de ravioli de la veille. Elle ne comprend pas, elle est dépassée, elle ne sait jamais quand je me nourris, elle ne me voit jamais m'alimenter.

— Va voir un psy ! me dit-elle, contre moi ou contre elle.

La rencontre de deux âmes

C'est toujours de l'amour dont nous souffrons même quand nous croyons ne souffrir de rien.

Christian Bobin

Mal dans ma peau, je jongle entre les périodes de festin et les disettes que je m'impose. Les mauvaises relations avec maman n'arrangent en rien mon comportement d'adolescente rebelle. Mes journées au lycée sont comme un chapelet qu'on égraine et qui me permettent néanmoins de m'évader de cet univers glauque.

Nous sommes en juin, je continue mon cérémonial avec cette satanée nourriture. Je dépose les boîtes de gâteaux, ma drogue sur le tapis de la caisse, j'ai hâte de les ingurgiter jusqu'à la dernière miette.

La caissière fixe les paquets, elle semble surprise par la quantité. Quand elle m'annonce le montant, je m'aperçois que je n'ai pas assez d'argent. Une main lui tend la somme manquante. Je me retourne, pour découvrir qui se cache derrière ce geste généreux. Un homme grand et fin aux yeux rieurs se tient derrière moi.

Si je devais qualifier cette période de vie, je dirais que c'était un moment sombre et fragile pour l'adolescente que j'étais.

J'ai très peu d'amies ou du moins je n'arrive pas à les fidéliser. J'ai cette énergie qui m'apporte malgré tout cette confiance, qui me donne l'espoir que je ne resterai pas dans cet univers embrumé, que quelque chose de meilleur m'attend de l'autre côté.

Souvent, je marche seule pour apaiser ma peine. Jusqu'au jour où je revois ce garçon, mon sauveur de gâteaux. Il se promène avec son grand chien noir et fauve.

Mon cœur bat à chaque mot qui sort de ma bouche. Il est un peu plus âgé que moi, plus mature. Il a l'air d'un loup rebelle avec ses yeux bruns et ses cheveux sombres qui lui tombent sur le front. De lui, émane force et fragilité, il réunit à lui seul tous les contraires.

La vie a décidé, je pense de nous unir pendant un instant, de rassembler nos deux êtres pour que nous vivions un moment intense dépassant toutes les barrières, les interdits et les jugements des autres, pour vivre passionnément notre amour. Nous allions défier toutes les épreuves mises sur notre chemin tels de courageux guerriers.

Ses blessures dépassent de loin les miennes, elles le submergent.

Notre amour passionnel a raison de nous et au lieu de nous combler de chaleur, il allume des braises pour nous consumer.

Cet être d'une intelligence si aiguisée se montre tel un animal sauvage envers lui-même et les autres. Pour ma part, je lui reverse mon trop plein de blessures et ma soif d'amour. Comment cette combinaison aurait-elle pu fonctionner sur le long terme ?

Le destin choisit alors ce qu'il y a de mieux pour nous. Nous explorerons l'amour avec toutes les composantes réunies de cette alchimie et de mystère. Mais nos âmes décideront de se séparer pour mener chacune son chemin de vie.

J'expérimente cet amour dont nous pensons qu'il est le dernier tellement il est puissant. À ce moment-là, je suis à mille lieues de savoir que nous possédons en nous des ressources qui permettent de braver les épreuves de la vie, tout est présent tel un royaume conservant ses merveilleux trésors.

Je suis excitée, ma candidature pour le poste d'animatrice de colonies de vacances a été acceptée. Je pars pendant un mois en Vendée pour encadrer des enfants. Il faudra que je sois prudente avec la nourriture et les vomissements.

Je pars avec Angélique, nous habitons le même quartier, elle gérera les adolescents, j'ai préféré la section des plus jeunes. À mon arrivée, les animateurs, me prennent pour une adolescente, avec mon apparence fluette et mes longues tresses, je ressemble à une fillette de quatorze ans.

Je suis à l'aise avec le groupe qui m'a été confié, les enfants ont entre cinq et six ans. Le soir, avant le coucher, ils m'embrassent, je fais figure de maman, je me sens utile. Les repas sont plus difficiles à gérer, nous mangeons tout le temps. Nous nous retrouvons en fin de soirée entre animateurs pour nous raconter nos journées autour d'un dernier repas.

Je sympathise avec Gwenaëlle, ma binôme, avec qui je partage la chambre. Le soir, après nos journées, nous nous confions l'une à l'autre sur nos peurs, nos joies, nos projets.

Je monte une pièce de théâtre avec mon groupe. Certains craignent de ne pas réussir, je les rassure. D'autres enfants, trop jeunes, ne savent pas lire, je dessine pour qu'ils comprennent leur texte. Je les vois évoluer au fil des répétitions, nous nous transformons mutuellement pour donner le meilleur de nous-mêmes. Ce soir, ils jouent la pièce devant tout le centre, la représentation est parfaite. Ils sont fiers de leur réussite, je ressens un sentiment de complétude.

Ces derniers jours, les vomissements se sont espacés jusqu'à disparaître, mes repas ont pris un rythme de croisière et de plaisir. Je reviens de cette colonie métamorphosée comme une impression de renaissance.

Quinze années s'écoulent semblables au flux d'une rivière.

Quand nos cellules nous parlent

Personne ne peut porter longtemps le masque.

Sénèque

On est au cœur de l'été, le soleil frappe la vitrine du magasin. L'air climatisé ronronne doucement rafraîchissant l'intérieur. Tout n'est que silence dans les rues.

Je mets des vêtements sur cintre dans la réserve avant de les agencer dans la boutique. Une femme brune aux cheveux courts, d'une soixante d'années, entre avec deux grandes adolescentes. Je la reconnais, c'est une de mes clientes avec ses petites-filles.

Elles sont toutes bronzées, les cheveux bouclés des deux adolescentes ondulent sur leurs épaules. Il n'y a pas une grande différence d'âge entre elles. Je pense alors à mes filles quand elles auront leur âge, elles donneront l'impression d'être elles aussi deux copines.

— Je veux leur trouver des tenues pour cet été, me dit la dame.

Je leur montre les dernières nouveautés, puis me retire pour les laisser choisir à leur aise.

Je me sens envahie par une vague d'émotion, puis une bouffée de chaleur se propage dans tous mes membres. Je reconnais cette sensation : mon corps va être hors de contrôle et mes mains vont se mettre à trembler. Je tente de faire de plus amples respirations, mais ça ne passe pas.

Les deux jeunes filles s'avancent vers la caisse avec leur grand-mère, elles ont les bras chargés de shorts de plage, de sandales, et de tee-shirts.

Mes mains tremblent, mon cœur se met à battre avec une telle violence contre ma poitrine, qu'on pourrait l'entendre à trois mètres. Je suis convaincue qu'elles vont le remarquer, ce n'est pas la première fois que cela m'arrive.

Je prends les articles et commence à les scanner.

Elles sont toutes les trois derrière le comptoir et me regardent faire.

— Je dois faire de l'hypoglycémie, c'est l'explication que je donne quand ça arrive.

— Non, ce n'est pas de l'hypoglycémie, me dit la cliente, c'est une crise de spasmophilie.

Je n'avais jamais entendu ce terme de ma vie.

— Ça vous le fait souvent ? me demande l'une des adolescentes.

— De temps en temps.

Je suis gênée.

— J'ai connu ça plus jeune, cela arrive quand vous ne contrôlez plus vos émotions, quand vous les sentez arriver, faites de grandes inspirations.

Je la regarde, d'un coup je ne me sens plus seule, ce qui se manifeste malgré moi pouvait arriver à d'autres.

— Faites des cures de magnésium bio, ça vous fera du bien, les spasmophiles ont leur taux qui diminue plus vite à cause des crises.

Cela nous a beaucoup rapprochées. Cette dame revient souvent avec son mari au magasin pour acheter des vêtements pour leurs petits-enfants et prendre de mes nouvelles. La spasmophilie serait causée par une excitabilité neuromusculaire provoquant une hyperventilation. Encore un truc pas trop connu de la médecine. Ma cliente avait raison, il fallait stocker du magnésium car l'organisme en consomme davantage à chaque crise.

Des spécialistes affirment même que ce symptôme serait d'origine génétique.

Je me suis mise à faire des cures de magnésium marin. Il est vrai que je me sentais plus détendue, mais entre deux cures mes crises reprenaient de plus belle. C'est toujours très déstabilisant quand elles surviennent, impossible de lutter, il faut laisser faire. J'ai remarqué qu'elles se produisent lors de fortes émotions.

Un événement anodin pour quiconque, prend pour moi des proportions dramatiques. Par exemple, lorsque je coupe un gâteau devant six ou douze paires de yeux qui m'observent et que Simon me met la pression pour que la découpe soit parfaitement symétrique, je sens un vent de panique monter comme un éclair. Le couteau tient à peine dans ma main. Alors je dis à la cantonade : « Comme t'es le roi de la découpe, je te laisse faire ! » en lui tendant alors le couteau.

Je n'ai pas souvenir qu'il y ait ce genre de perturbation dans ma famille, je n'ai jamais vu mes tantes ou ma mère trembler. Je prends cela comme un héritage supplémentaire dans ma valise génétique !

La dernière séance

Rien n'est à craindre, tout est à comprendre.

Marie Curie

Nous venions de fêter la nouvelle année dans la région de Saguenay, au nord-est de Montréal, à six heures de route.

Nous changer les idées nous avait fait du bien, qui plus est, je n'avais pas encore repris une activité professionnelle. Ma voix avait recouvré une belle tonalité, son timbre me convenait parfaitement. Je n'en revenais pas, sept séances avaient suffi pour que tout rentre dans l'ordre.

Nous nous étions fixé un rendez-vous pour le début d'année, Chyrelle avait insisté pour me voir avant, mais j'avais refusé, je savais que nous quitterions Montréal pour les fêtes. Son visage a exprimé la surprise, elle m'a dit qu'ainsi je lui raconterai mon réveillon.

Ce fut un délicieux moment, nous avons découvert le fjord en plein hiver. Un matin, après une balade en raquettes avec le groupe, nous avons déjeuné ensemble dans une petite cabane en bois rond, le guide nous avait réchauffé la pièce en allumant un feu dans la cheminée, ce qui nous a permis d'enlever les masques et les cagoules qui nous protégeaient des moins quarante. Il est ressorti pour nous préparer les sandwiches sur le feu de bois.

Le soir, nous avons fait une randonnée nocturne avant de nous souhaiter la bonne année. Nos hôtes étaient un couple Québécois, ils tenaient cette grande ferme réputée dans la région avec leurs deux adolescents.

Nous nous sommes tous réunis autour du feu, une bière à la main. Les étoiles inondaient le ciel d'une véritable pureté. Malgré le froid qui engourdissait nos corps, la chaleur de ce moment d'échange nous réchauffait. L'un des fils de nos hôtes s'amusait à offrir des tours de motoneige à qui le souhaitait.

Cependant, j'avais hâte de reprendre le rituel de mes séances, j'étais pressée de retrouver Chyrelle et de lui parler des derniers événements.

— Bonne année ! Comment allez-vous ?

Je lui racontai enthousiaste les dernières nouvelles.

— Je me sens un peu stressée, même beaucoup, mais vous n'y pouvez rien, ce n'est pas votre faute.

— Vous savez, on ne se limite pas qu'à une partie du corps, on regarde l'humain dans son ensemble, ma directrice a la même vision que moi.

Je la regardai, approuvai de la tête. Elle me tendit une feuille de papier :

— Buvez un peu d'eau. Tenez, lisez la première phrase.

Je commençai à lire les phrases dactylographiées : « Exercices de base : Brain gym, boire de l'eau et faire un C avec les doigts… »

Nous débutâmes les exercices ensemble et plus nous avancions plus mon corps se détendait, je reprenais confiance en moi, j'en étais bluffée.

— A quoi sert cet exercice ?

— Pour faire court, ça permet la coordination entre les deux hémisphères du cerveau.

Nous nous observions, un lourd silence envahissait son petit cabinet rempli de soleil.

— Je trouve que votre voix est parfaite.

Je la regardai, j'aurais tant voulu suspendre cet instant.

— Ne croyez pas que je veuille vous faire quitter le bateau, mais votre voix est très bien. Je pars en congé pendant trois mois ; nous pourrons faire le point, nous contacter par Skype[10], ou encore si vous en ressentez le besoin, ma collègue pourra vous recevoir, qu'en pensez-vous ?

Je n'en pensais rien et tentai d'accuser le coup tant bien que mal.

— C'est vrai j'apprécie ma voix, je me la suis appropriée. Prendre la place d'un autre patient ne serait pas justifié.

— Là n'est pas la question, plus vous parlerez, plus votre voix prendra sa place, les exercices ne sont plus utiles à présent, si vous le souhaitez, vous pouvez m'appeler

---

[10] Logiciel permettant d'envoyer des messages ou de téléphoner gratuitement via internet

dans quinze jours ou dans un mois, qu'en dîtes-vous ?

— D'accord, mais tout ça va me manquer.

— Quand souhaitez-vous me donner de vos nouvelles ?

— Dans quinze jours, ça me va bien.

Je me levai, enfilai mon manteau, nos regards se croisèrent, nous nous dévisageâmes.

— Je suis différente, je ne suis plus comme avant !

— Différente en positif ou négatif ?

— En positif, je suis contente de vous avoir rencontrée, le hasard a bien fait les choses.

Elle me sourit.

— Appelez-moi dans quinze jours.

Je sortis du cabinet et refermai la porte derrière moi. Une sensation de vertige m'enveloppa, je connaissais cet état, la même sensation que lorsque je me trouvais en haut de cette montagne l'été dernier.

L'ascension : toujours plus haut

Risquer est une nécessité, seul celui qui ose risquer est vraiment libre.

Paulo Coelho

Plus haut, toujours plus haut, des émotions confuses surgissent où se mêlent force et faiblesse, douleur et bien-être, où l'euphorie se confond avec la sensation de s'abandonner. On pourrait appeler cela le dépassement de soi, ce que le corps peut accepter en abandonnant les croyances qui le limitent.

C'est l'ascension de sa grandeur intérieure, du meilleur de soi. C'est l'acceptation de ce dont nous sommes capables sans nous juger. Reconnaître l'humain en nous avec nos peurs de petit enfant, les craintes de l'inconnu, et ses blessures enfouies.

Minuit, l'alarme du portable vibre, nous avons à peine dormi, il a fait froid dans le refuge, nous sommes à deux mille mètres d'altitude.

Je suis excitée, Freddy, notre guide et David son assistant nous attendent dans la salle de repas. Il fait noir et froid. Nous sommes tous les quatre motivés pour grimper cette montagne tanzanienne. Freddy nous a dit que ce serait un peu technique, qu'il y aurait des passages compliqués. Mais que si nous gardions la cadence, nous arriverions au sommet pour le lever du soleil et découvririons le Kilimandjaro.

Un sachet en plastique est posé sur la table, il contient des fruits secs, Freddy nous a aussi préparé des bananes et rempli nos gourdes d'eau chaude. Une légère appréhension se lit dans nos yeux, il est trop tard pour faire machine arrière, cette nuit, nous ferons l'ascension du Mont Meru. Le ranger nous rejoint, il nous remet nos lampes frontales et des paires de gant.

Les étoiles scintillent dans la nuit noire, elles semblent veiller sur nous. Chacun de nos pas résonne dans le silence et nous rassure. Un pied devant l'autre, nous nous laissons guider comme des enfants.

Le temps s'égrène, chaque seconde, chaque minute puis chaque heure qui passe nous mène toujours plus haut. Le froid envahit progressivement nos membres. Nous avançons, notre cerveau en alerte quelques heures auparavant se déconnecte de la réalité et nous fait perdre la notion du temps.

Le chemin devient difficile, de grosses roches obstruent le sentier, nos mains nous guident, s'accrochent à ce qu'elles trouvent, nos yeux sont inutiles. Nos pieds s'enfoncent dans le sable à mi-cheville, nous ne voyons pas grand-chose, nous avons froid. Notre rythme ralentit en même temps que notre souffle. Les filles suivent d'un pas lourd, David les fait boire et leur donne quelques biscuits.

A cette heure, où tout le monde dort au chaud, nous avons préféré défier cette montagne. À l'issue, rien ne nous sera distribué, ni médaille, ni récompense. Uniquement la satisfaction d'avoir réussi à dépasser nos propres limites.

Simon vient d'allumer son mp3[11], la chanson « Papaoutai » du chanteur Stromae retentit dans le silence de la nuit. Les filles accélèrent le rythme. Comme quoi, une simple musique peut nous redonner de l'énergie.

Les guides nous aident, ça monte raide, le sol est impraticable et la fatigue se fait sentir.

---

[11] Fichier sonore que l'on peut écouter sur un téléphone mobile

— Il est quelle heure ? Eléa a une petite voix.

— Cinq heures ! On arrivera un peu après sept heures, lui dit le Ranger[12].

Nos yeux sont fatigués, le cerveau s'est complétement déconnecté, nos pas, un après l'autre, « polé- polé » doucement-doucement.

Puis, le Ranger nous dit qu'il ne peut plus continuer, le mal d'altitude l'a submergé. Je le regarde ahurie rebrousser chemin.

Nous continuons avec David et Freddy.

Anaé ressent ses premiers maux de tête, nous sommes à quatre mille cinq cent mètres, elle a froid, David lui enfile sa veste. Nous commençons à apercevoir le lever de soleil derrière le Kilimandjaro, le soleil rouge de l'Afrique s'impose devant nous dans toute sa splendeur puis commence à dessiner le relief des montagnes, révélant la magnificence du paysage. Le sol est caillouteux, les étudiantes anglaises qui étaient avec nous dans le refuge nous rejoignent.

---

[12] Garde champêtre armé en anglais

Anaé s'assoit, elle est fatiguée, David reste à ses côtés. Nous continuons avec Eléa tandis qu'un couple de Hollandais redescend, ils ont pu voir le lever au sommet, à quatre mille cinq cent soixante-cinq mètres.

On est déjà haut, Freddy nous informe qu'il nous reste quelques mètres à franchir, peut-être encore une demi-heure de marche.

Eléa ne souhaite plus poursuivre, Anaé, elle, attend plus bas. Simon et moi nous nous regardons, nous nous sommes compris. Je sens le soleil qui nous réchauffe maintenant de tout son éclat.

L'arrivée au sommet est importante, certes, mais elle ne présente aucun intérêt sans nos enfants.

Cette ascension nous a permis de prendre conscience du courage de chacun, mais aussi de l'amour et la bienveillance que nous nous portons.

Les retrouvailles

Nous ne sommes jamais aussi mal protégés contre la souffrance que lorsque nous aimons.

Freud

J'ai finalement déniché un emploi temporaire dans un grand groupe. Nous sommes en plein hiver, les températures avoisinent les moins trente-cinq degrés, des monticules de neige envahissent la ville. Je descends à la station Université-de-Montréal, la ligne bleue. Le matin, les étudiants de HEC[13] forment un bouchon à l'entrée de l'escalator, cela me prend une dizaine de minutes pour atteindre la sortie. Je n'aime pas particulièrement ce que je fais, mais ça permet de remettre ma voix en route et de trouver les journées moins longues.

Je pense souvent à elle, quelques semaines se sont écoulées depuis la dernière séance. Comme nous en étions convenues, je l'ai appelée, je suis tombée sur son répondeur.

Je lui ai dit que ma voix était plus qu'une amie, je me souviens qu'elle aimait faire cette association « La voix est comme une amie. » Je lui ai répondu que ma voix, c'est moi. Puis, j'ai osé lui dire que ça me ferait plaisir que nous allions boire un verre ensemble.

---

[13] Hautes Etudes Commerciales

Avant de raccrocher, j'ai donné une note de dix sur dix.

Chyrelle m'a rappelée quelques minutes plus tard, elle avait aimé mon jeu de mots, puis nous avons discuté encore un peu. Au détour d'une phrase, elle a avoué que ça lui ferait plaisir à elle aussi de me revoir dans un cadre différent. Je n'ai pas relevé.

Sa présence me manquait, les séances, ses conseils, nos fous rires, sa façon d'être, sa manière de me rassurer. Elle avait si bien comblé les failles, comme l'eau d'un ruisseau qui pénètre les sillons arides de la terre. Cette eau-là me manquait terriblement.

Chaque jour, je me levais et me recouchais avec ce sentiment d'injustice d'être séparée d'elle, d'être éloignée de ma Source. Ce matin, en marchant pour me rendre au travail, j'ai décidé de l'appeler.

J'ai senti une réelle joie de sa part lorsque je lui ai proposé de nous retrouver autour d'un verre, le « vous » comme une étincelle a laissé la place au « tu » comme une évidence.

Nous nous sommes retrouvées dans un petit bistrot, un soir après le travail. Durant cette soirée, le temps s'est figé. Je me suis sentie dans une telle plénitude, j'étais moi-même et rayonnais de tout mon être. En face de moi, Chyrelle semblait tout aussi épanouie. Elle s'est confiée en toute pudeur sur sa vie, ses projets, sa quête du bonheur. Elle voulait donner un sens à son existence, trouver un amoureux, avoir des enfants, changer de ville, retourner chez elle. Nous discutions comme si nous nous connaissions depuis toujours.

Je l'écoutais et comprenais ses attentes. Je me rendais compte avec une telle évidence que nous étions l'une et l'autre notre propre miroir inversé.

Je représentais la stabilité, mariée avec des enfants alors qu'elle, était cette femme sans attaches et libre.

Cela a provoqué en moi, un sentiment d'amour démesuré, d'une incroyable intensité. Nous étions dans une telle complétude que si nous avions pu arrêter le temps, je pense que nous l'aurions fait.

Quand nous nous sommes quittées, je savais que j'allais souffrir, je le ressentais au plus profond de mes entrailles.

— Bon il est temps de rentrer ! lui dis-je.

— Il est temps de rentrer, répéta-t-elle nostalgique.

Nous avons remis nos blousons, enfoncé nos bonnets profondément sur nos têtes, le froid a aussitôt saisi nos visages tiédis par tant d'échanges, nous nous sommes regardées. J'ai alors vu dans ses yeux, une profondeur, son regard brillait de mille feux, si bien que j'ai dû baisser les yeux pour ne pas me laisser pénétrer par cette immensité.

— Bon séjour en Europe, on se donne des nouvelles alors !

Nous échangeons nos adresses mails avant que chacune ne reparte dans sa direction.

J'étais heureuse d'avoir pu la revoir, mais j'avais le cœur serré de cette nouvelle séparation imminente, je pris le métro pour retrouver les miens. Je sentais comme une évidence que j'allais découvrir ce qu'était la nuit noire de l'âme.

La confession

Dans la nuit noire de l'âme, il est toujours trois heures du matin.

Francis Scott Fitzgerald

Elle me manquait. Tout me manquait. Que me manquait-il au juste ? Je ne trouvais aucune réponse à mon désarroi.

Depuis notre dernière rencontre, nous ne nous sommes pas revues, pas écrit. Elle flottait dans ma tête du matin au soir et du soir au matin telle une divine obsession.

Je passais de l'euphorie à la déprime, de l'énergie à une grande lassitude.

Que m'arrivait-il ? Pourquoi elle ? Pourquoi mon cœur voulait-il lui apporter tout cet amour. Je n'avais encore jamais ressenti cela. Ça dépassait tous les schémas de l'amour au sens traditionnel. Toutes mes valeurs sur la famille volaient en éclat, tout ce que j'avais créé, mon mariage, mes enfants, tout explosa en vol. J'étais anéantie, en mille morceaux, la vie n'avait plus aucun sens.

Un matin, mon collègue qui travaillait dans le même bureau que moi remarqua mon changement.

— Tu as perdu ton étincelle, tu n'es plus la même, toi seule sais ce qui t'arrive !

Je n'ai pas répondu, je lui ai souri. C'était plus qu'une étincelle que j'avais perdue, je m'étais égarée tout entière.

Ce que je ressentais était tellement fort et puissant au plus profond de mon cœur. Je ne comprenais pas comment je pouvais avoir autant d'amour pour une personne que j'avais vue si peu, ne correspondant en rien à mes critères. D'aussi loin que je me souvienne, je n'ai jamais été attirée par une personne du même genre, il n'y a jamais eu d'ambiguïté à ce sujet.

Quelques jours après, j'ai décidé de mettre fin à mon emploi temporaire. Il ne répondait pas, ou ne répondait plus à mes attentes.

Le soir même, je lui envoyai un mail pour lui souhaiter un bon séjour en Europe. Elle me répondit aussitôt avec beaucoup de joie en me remerciant.

Simon ne comprenait pas ma souffrance, mon mal-être. Ce matin, j'ai voulu lui en parler.

— Tu sais, je pense souvent à une personne.

Il m'a regardée, surpris.

— Je l'aime beaucoup.

Ses traits se sont durcis, il me fixa intensément.

— Tu as rencontré quelqu'un ?

— C'est bizarre, je crois que tu vas être étonné, ce n'est pas un homme.

Il hocha la tête, il avait compris. Cette personne formidable dont je parlais souvent qui me faisait rire et qui m'avait permis de retrouver ma voix.

— Que comptes-tu faire ?

— Le lui dire, je vais lui écrire.

Son regard était triste, je lisais de la peur sur son visage, il m'aimait et tenait à moi. J'étais déboussolée et perdue dans ces nouvelles émotions.

J'ai envoyé un message à Chyrelle, lui ai confié mes sentiments forts et inavouables, mon incompréhension. Je lui ai avoué ma tristesse de la perdre.

Je lui ai parlé de l'amour pour mes enfants. Je voulais qu'elle sache que ce que je vivais dans mon cœur n'était pas une attirance classique, que cela allait bien au-delà et que cela dépassait tout entendement. J'aurais aimé en retour qu'elle m'écrive ce qu'elle ressentait. Elle ne m'a pas jugée et m'a souhaité le meilleur, elle était accaparée par son départ imminent en Europe.

Je lui ai écrit quelques jours avant son départ, lui ai dit que j'étais certaine que notre relation et mes sentiments pour elle avaient contribué à ma guérison. De son côté, elle m'avoua qu'elle n'avait pas eu le temps de m'expliquer le processus qui m'avait conduite à ces sentiments amoureux. Elle avait été accaparée par les dernières formalités à régler avant ses trois mois d'absence. Elle était éblouie par ce que j'avais écrit. Elle ne fermait en rien la relation mais pour autant elle ne se confiait pas, ce qui pour moi rendait la situation encore plus compliquée.

J'ai pleuré cette souffrance et ce déchirement que je ressentais au plus profond de mon cœur, cette brûlure intense et douloureuse qui envahissait mon corps et mon âme. Je me noyais intégralement au fond de mon être.

Comment pouvait-elle ne pas ressentir ce que je vivais ? Je me sentais abandonnée et seule face à cet ouragan intérieur.

J'étais en colère et à la fois pleine d'amour, j'étais désemparée, mon cerveau cherchait une explication plausible à ce que mon cœur subissait.

Était-ce un déchirement que j'avais déjà connu ? Était-ce la même émotion refoulée dans les profondeurs de mon inconscient ?

Lettre à mon père

En réalité nous ne savons rien, car la vérité est au fond de l'abîme.

Christian Bobin

Que sais-je de toi ?

J'ai vécu mon enfance sans la moindre photo de toi. Elles ont été jetées non par maman mais par un autre. En faisant ce geste, il n'a pas pensé qu'il rendrait une petite fille malheureuse, triste de n'avoir pas pu mettre un visage sur son papa.

Alors je t'imaginais, maman me disait souvent que j'avais tes traits, ton nez surtout et tes pommettes. J'ai pris également de toi cette façon moqueuse que tu possédais.

J'aimais lui poser des questions, qui me permettaient de te connaître.

— Raconte-moi…

— On s'est rencontré en Israël dans un kibboutz[14]. On s'est aimés, c'était mon premier amour.

J'aimais quand elle disait ce mot ça me rendait importante, je n'étais pas née par accident mais par amour.

— Il est d'origine juive pratiquante, il a sept frères et sœurs, il est le troisième du rang. Sa famille habite encore à Paris. Ils

---

[14] Communauté agricole en Israël

baignent dans cette ambiance chaleureuse de la religion. Le vendredi, pour shabbat[15] nous avions coutume d'éteindre les lumières. Ce jour-là, nous portions nos plus belles tenues, les hommes mettaient la kippa[16] et nous préparions plein de plats que nous disposions sur la table illuminée par les bougies.

— Continue !

— À la maison, le porc n'était pas admis, parfois j'avais une telle envie de saucisson, que je filais chez ma sœur pour en manger. C'est sûrement pour ça qu'à ta naissance tu avais une tâche de saucisson sur le bras, me dit-elle d'un air amusé. Son grand frère était rabbin[17], dans une grande synagogue de Paris. C'était une famille unie, ses sœurs m'aimaient bien, son petit frère m'achetait du saucisson en cachette. Il fallait respecter la coutume, on lavait jusqu'à sept fois la vaisselle.

— Parle-moi des fêtes, c'était comment ?

---

[15] Jour de repos dans la religion juive
[16] Calotte portée par les Juifs pratiquants
[17] Chef religieux d'une communauté israélite

— Il y avait beaucoup de joie et de danses. Je crois que je ne me suis jamais autant amusée que dans un mariage juif !

Je visualisais alors les scènes de Rabbi Jacob avec Louis de Funès pour m'imprégner de l'ambiance.

— J'ai aimé ton père, nous sommes restés sept ans ensemble, puis tu es arrivée. La religion nous a séparés. Sa famille m'a toujours acceptée, je m'entendais avec chacun d'eux. C'est la mère qui porte la religion, et je ne pouvais donc pas te la transmettre, j'étais une goy[18]. Alors, il est parti à ta naissance pour se marier à une femme de sa religion.

Qu'elle tristesse, pensais-je de se séparer parce qu'on n'a pas la même religion. J'ai longtemps vécu avec ton image imaginaire dans ma tête, maman me disait que tu ressemblais à Paul Newman quand tu étais jeune, elle avait fait un beau choix.

Parfois, mes amis me demandaient si tu me manquais. En toute vérité, tu ne m'as jamais vraiment manqué. Comment une

---

[18] Non-juive pour les Israélites

personne qu'on ne connaît pas peut-elle manquer ? leur répondais-je. Ce qui me manquait, c'était de ne pas pouvoir mettre un visage sur ton nom.

Ce matin-là, je me suis levée tôt, les miens dormaient encore. J'ai pris un bloc de feuilles, un stylo et je me suis installée dans le séjour pour t'écrire. Je t'ai raconté ma vie, mon mariage, mes filles et je t'ai demandé de m'envoyer des photos de toi, de tes parents, de tes frères et sœurs. Je ressentais la nécessité de te connaître toi et ta famille, j'avais surtout besoin de me connaître davantage.

Deux semaines après, tu m'as envoyé une enveloppe brune avec à l'intérieur une lettre et plein de photos. En bas de la lettre, tu avais noté tes coordonnées téléphoniques, au cas où j'aurais voulu entendre ta voix. Ce jour-là papa, tu m'as fait un beau cadeau, tu as apporté la lumière qui manquait à ta fille.

En quête de vérité

Elle ne savait pas que l'Enfer, c'est l'absence.

Paul Verlaine

Je me sentais seule, vidée de toute substance, tout mon être était dévasté. Je ne comprenais pas ce qui m'arrivait. J'étais dans un chaos intérieur, mes peurs, mes ombres, mes manques, toutes mes parts blessées apparaissaient soudainement.

Son absence marquait mon être comme un trou béant que la mer ne veut pas combler. Je n'osais en parler à personne, qui aurait pu comprendre, sans l'avoir vécu ? Le seul fait de penser à elle ou même d'en parler d'une manière banale faisait émerger mes émotions. Je remplaçais même son prénom pour l'appeler « Elle. »

J'ai repris mes cours de théâtre dans cette petite troupe que dirigeait Claude, un sexagénaire passionné d'art dramatique. Je me souviens de cette journée où elle devait prendre son vol pour passer trois mois en Europe. J'étais effondrée, j'ai versé toutes les larmes de mon corps. J'étais déchirée, anéantie, je pense même qu'à ce moment, l'annonce du décès d'un proche ne m'aurait pas fait un tel effet.

Ce soir-là, je suis allée à mon cours, malgré tout. Pour la première fois, j'en ai parlé à Andrea, les mots sont sortis tout seuls. Elle était le genre de personne à qui on pouvait se confier, elle venait d'Argentine et avait mon âge. Elle s'était séparée de son mari et partageait avec lui la garde de leur fils.

Je lui ai raconté mon histoire, les séances d'orthophonie, ma confession par mail.

— Qu'est-ce qu'elle a répondu ?

— Qu'elle ne me jugeait pas, qu'elle était en plein rush pour son départ en Europe !

— Tu as envie de l'embrasser, la prendre dans tes bras, ajouta-t-elle de son délicieux accent.

— Non, ce n'est pas ce genre de relation, pas de cet amour, pas d'attirance physique, rien de tout ça, Elle me manque c'est tout ! Je frissonnais en lui parlant, j'avais froid.

Les cours de théâtre me faisaient beaucoup de bien, mais ne suffisaient pas. Je voulais mettre un mot, un diagnostic sur ce qui m'arrivait. Cela me paraissait tellement étranger, j'avais connu des amours passionnels, mais ce que je vivais était très différent de tout ce que j'avais vécu, un mélange de tristesse, de déchirement et d'énergie incontrôlable. Ce cocktail me laissait à plat.

J'avais du mal à concilier mes recherches d'emploi avec la situation que je vivais. Les insomnies ne tardèrent pas à arriver, je me levais en pleine nuit avec l'impossibilité de me rendormir. J'étais fatiguée et irritable.

Je me documentais dans des manuels de psychologie pour savoir si je reconnaissais mes symptômes. Je suis tombée sur un article qui évoquait le transfert psychologique. Le patient déplaçait sur son thérapeute ses émois, ses attentes et ses frustrations pour finalement tomber amoureux de lui.

Pendant un moment, je me suis contentée de cette version, j'y retrouvais quelques similitudes.

Malgré la distance, je lui écrivais, je lui avouais mon sentiment de culpabilité suite à ma confession. Je lui demandais si malgré tout elle voulait conserver notre lien d'amitié ou si elle préférait le rompre. Je lui laissais son libre-arbitre. Elle m'a répondu qu'elle se ressourçait auprès des siens, qu'il fallait que je profite de mes moments en famille, c'était précieux, que nous nous retrouverions cet été. Elle laissait une porte ouverte à notre relation, encore une fois sans explications de sa part.

Lorsque Chyrelle est rentrée d'Europe, j'ai cherché à la revoir. Malgré les mois passés, la sensation de manque ne s'était pas estompée, je percevais de plus en plus ces vibrations intenses.

J'organisai une fête à la maison avec nos amis, je l'ai invitée.

Elle m'a appelée, c'est Anaé qui a répondu. Elles ont discuté dix bonnes minutes ensemble comme si elles se connaissaient, alors qu'elles ne s'étaient jamais vues.

Elle me raconta sa formation dans le sud de la France. Je lui parlai de notre choix d'y retourner l'année suivante. Je lui demandai si je la verrai à ma fête.

— Je viendrai juste dire bonjour, je ne resterai pas.

Une émotion m'envahit d'un coup.

— Non, tu viens complètement, ou pas du tout !

— Eh bien je ne pourrai pas venir !

— Fais ce qui te fera plaisir.

— Tu sais, j'ai rencontré quelqu'un en Suisse, c'est ma sœur qui me l'a présenté, je vais repartir là-bas définitivement dans les prochains six mois.

Je lui dis que j'approuvais sa décision, elle serait bien mieux en Europe qu'au Québec surtout si elle avait fait cette connaissance.

— Fais comme tu veux, viens juste un petit moment alors…

Chyrelle a décidé de ne pas venir. J'ai fait bonne figure auprès de nos amis, mais une partie de moi était amputée.

J'ai cherché à nouveau à la revoir sans succès, nous avons alors échangé par écrit.

Je lui reprochais ses non-dits, sa fuite à mon égard, notre relation que je trouvais lourde, l'impression d'avoir fait un transfert. Elle me répondait qu'elle devait s'occuper d'elle, de son départ. Elle confirmait que le transfert psychologique ne représentait aucun problème pour elle. Elle avait été contente d'avoir fait ma connaissance et avait aimé me rencontrer. Elle se devait de continuer sa route. Elle me souhaitait également un bon cheminement et un bon retour en Europe.

Je ne comprenais pas son comportement, comment pouvait-on aimer rencontrer une personne et s'en écarter ? Ça n'avait aucun sens.

La méditation était mon havre de paix. La distance qu'elle avait mise entre nous me procurait tour à tour souffrance et vibrations.

Je suis alors tombée sur un blog vantant les bienfaits du reiki[19] énergétique pour gérer ses émotions.

— Allongez-vous et fermez les yeux, me dit le praticien tout de blanc vêtu.

Je sentais l'énergie de ses mains au-dessus de moi, elles n'avaient aucun contact avec mon corps, le son de sa voix me berçait.

— Je fais de la place à vos émotions.

---

[19] Méthode japonaise de soins énergétiques

Une chaleur extrêmement forte envahit mon thorax.

Je me suis mise à pleurer comme une enfant.

— Vous devriez écrire, me dit-il à la fin de la séance, c'est le meilleur des remèdes.

Je suis sortie du cabinet ressourcée et remplie de joie. Une fois rentrée à la maison je me suis mise à la recherche d'un enseignant en reiki. La semaine suivante je passais la formation.

Malgré un certain mieux-être, Chyrelle baignait mon esprit, je m'évadais dans toutes sortes de lectures spirituelles jusqu'à tomber par hasard sur un ouvrage qui détaillait le « yoga qui soigne. »

C'est avec bonheur que je pratiquais quotidiennement le yoga, j'améliorais ainsi mes postures et mon bien-être intérieur. Des larmes coulèrent parfois sur mon tapis, cela devait faire partie du processus d'évacuation des émotions. Je les accueillais comme une délivrance.

Un jour, je suis tombée sur ce livre qui expliquait le contrôle des indices glycémiques sur la thyroïde. C'est alors que jour après jour, je changeai mon alimentation pour la rendre plus saine.

Sans le savoir, j'étais en quête du graal et cheminais vers une voie plus spirituelle, je guérissais les parts blessées de mon être.

L'absence et le manque étaient certes encore présents mais j'acceptais davantage cet état de fait. J'apportais plus de profondeur dans mes relations avec les autres. J'étais plus authentique, je me montrais telle que j'étais. Je me transformais comme une chrysalide qui se métamorphose en papillon.

Cette alchimie qui s'opérait fortement en moi, me ramenait dans les limbes de mes origines.

Origine

Votre seule obligation dans la vie, c'est d'être vrai envers vous-même.

Richard Bach

Je suis bercée toute ma jeunesse dans une ambiance afro-antillaise. Africaine par ma grand-mère qui me raconte sa vie au Sénégal et m'apprend le wolof[20] et les Caraïbes grâce aux maris de mes tantes originaires des Antilles.

Le dimanche, nous nous rendons maman et moi rue Basfroi, dans le XIème, pour manger le trempage[21] que tonton nous a préparé.

Je le regarde poser sur la table cette nappe plastifiée qu'il a nettoyée. Pour tonton c'est tout une mise en scène et chaque ingrédient est placé dans un ordre bien précis. Il dispose d'abord des morceaux de pain trempés dans du lait. Je l'aide à couper les bananes en rondelles qu'on éparpille sur le pain mouillé. Mais l'ultime étape et ce dont il est fier, c'est la viande qu'il a préparée la veille et qui mijote doucement dans un grand faitout. Une odeur d'épices et de piments embaume tout l'appartement. Quand il juge que c'est le bon moment, il prend sa grande louche en

---

[20] Langue parlée au Sénégal
[21] Plat typique de la Martinique

inox et verse ce sublime nectar dessus comme une bénédiction.

Nous attendons son signal pour nous réunir autour de la table. Tel un rituel, dont on connait les règles. Nous prenons place debout tout autour et d'une main nous goûtons cette offrande. Tonton nous observe, il prend une portion avec sa main pour la mettre dans la bouche. Cela ressemble à une cérémonie durant laquelle nous parlons très peu comme envoutés par tant d'arômes et de saveurs lointaines qui nous transportent à six mille lieues.

Dans un endroit où la mer s'agite, où les effluves subtiles de vanille et de goyave flottent dans l'atmosphère. Si on écoute bien, on peut entendre ce folklore et les enfants qui jouent dans les rues.

J'ai quinze ans, je suis chez ma cousine, la fille de tonton, au Carbet dans le nord de la Martinique. Maman n'est pas venue avec moi, elle est restée en métropole pour le travail. Ma cousine qui est de quatre ans ma cadette vient ici tous les ans pour voir ses grands-parents.

C'est une vieille maison, dehors il y a des poules et des coqs. Il y a aussi ce hangar où sont stockées des bouteilles de cola aux saveurs différentes. La douche est à l'extérieur, ils ont fixé une porte pour plus d'intimité. A l'intérieur, une grande salle permet de recevoir la famille ou les amis. Un lit à barreaux est posé là dans lequel un petit garçon se tient debout, il a de grands yeux gris et des cheveux frisés, il est beau.

Nous dormirons avec ma cousine dans cette autre pièce où il y a un grand lit protégé d'une moustiquaire.

On est en plein mois de juillet, c'est la saison des pluies. L'atmosphère est chaude et humide. Nous décidons d'aller nous baigner, mais avant, nous nous arrêtons dans la maison d'à côté pour récupérer ses amies Eliane et Louise, puis nous faisons une halte dans une petite épicerie non loin de là.

— Tototo, dit ma cousine en entrant. Il fait sombre à l'intérieur.

— On vient chercher un paquet de gâteaux.

— Prenez les enfants, dit la gérante du magasin.

Je devine une vieille dame, elle est assise dans le noir au fond du magasin.

— On vous paiera plus tard.

La vieille dame prend un cahier et note quelque chose dessus, sûrement la somme que nous lui devons.

Nous ressortons toutes les quatre, marchons jusqu'à la petite plage à quelques mètres de là.

Les pêcheurs s'affairent dans leurs cabanons, nous déposons nos affaires sur le sable brun. Un ponton se dresse au milieu de l'eau, nous nous amusons à sauter. La pluie se met à tomber, la mer est chaude, l'atmosphère est humide. Je me mets à chanter et à faire des culbutes, la pluie est incessante, je suis bien, les filles se moquent de moi, je ne les entends plus, la pluie et l'eau m'ont submergée, je continue de chanter et de sauter. Si j'avais pu arrêter le temps, je l'aurais fait à cet instant précis.

Nous sommes arrivés depuis une semaine, nous avons choisi notre point de chute à Sainte-Luce, au sud de la Martinique. Le sable est blanc, Anaé et Eléa découvrent la douceur des Antilles pour la première fois.

Ce matin-là, nous nous levons tôt pour partir en direction de la montagne Pelée. Plus nous roulons vers le nord, plus le temps se dégrade. Des gouttes s'écrasent sur le pare-brise. La randonnée semble compromise. Les filles ne souhaitent pas marcher sous la pluie.

Nous garons la voiture, descendons. Un couple et leurs deux garçons arrivent au même moment.

Nous leur demandons s'ils vont monter.

— Finalement non, ça peut être dangereux, dit le père.

— On vient de faire deux heures de route, on aimerait se dégourdir un peu les jambes.

La pluie se remet à tomber doucement.

— Ça peut être glissant vers la fin, lance-t-il, je n'ai pas envie de me péter une jambe, on repart, on reviendra dans la semaine.

Le garçon traite son père de fillette.

Simon déclare que nous ferons juste la première partie, pour nous mettre en jambes.

Nous décidons finalement de crapahuter prudemment quelques heures.

— Appelle-les, me propose Simon.

Nous nous arrêtons devant l'office du tourisme, nous sommes à Saint-Pierre, proche du Carbet. La dame à l'accueil me tend le combiné.

— Bonjour, tonton !

Silence…

— On est à Saint-Pierre, on aimerait passer vous voir.

Tonton a dû passer le téléphone à ma tante.

— C'est incroyable, vous êtes là, venez on vous attend, c'est incroyable redit-elle, en raccrochant.

Avant de nous y rendre, je veux montrer à mes filles la plage de sable brun, le petit ponton et les cabanons des pêcheurs.

Simon gare la voiture, nous descendons. Les souvenirs reviennent doucement. Le petit ponton est toujours là, je ne me souviens plus de ce restaurant à l'entrée de la plage. Un pêcheur nous dit bonjour. Les filles se mettent en maillot de bain. Je les vois s'avancer et monter sur le ponton. Eléa plonge dans cette mer translucide. Une larme coule sur ma joue. Je ferme les yeux, je suis debout, je sens la pluie qui ruisselle sur mon visage, j'entends les cris de ma cousine au loin qui se moque de moi. Je fais des culbutes et saute dans la mer. C'est comme si le passé venait se juxtaposer au présent pour s'unir. Je rouvre les yeux, trente ans se sont écoulés en une seconde.

Processus alchimique : une voie de transmutation

Nul ne peut atteindre l'aube sans passer par le chemin de la nuit.

Khalil Gibran

Durant l'année qui suivit ma séparation avec Chyrelle, j'entrais doucement vers un chemin plus spirituel, je méditais quotidiennement et m'initiais au Reiki. Je découvris plus tard le yoga. Tous ces outils m'étaient bénéfiques, ils apaisaient mon esprit agité. Je remarquais que mon alimentation changeait également, elle était plus consciente, je supprimais au fur et à mesure, les produits raffinés et les remplaçais par des produits plus « vivants » et naturels, mon énergie s'en trouvait décuplée.

Cela ne m'empêchait pas de penser à elle. Avec le temps, je trouvais que c'était un cadeau qu'on m'offrait d'aimer sans condition aucune, sans retour. Je n'aurais jamais pensé être capable de cela. On m'offrait la possibilité d'aimer, de savourer cette prise de conscience qu'un cœur qui s'ouvre n'est ni féminin ni masculin.

Je découvrais au fur et à mesure un autre canal de communication : mon cœur. Je m'amusais à dialoguer avec elle en me reliant au plus profond de moi. En retour, je recevais des vibrations de bienveillance. Je cessai de me culpabiliser et de me juger. Le transfert psychologique que j'avais mis dessus m'apparaissait de plus en plus illusoire.

Lorsque je travaillais dans l'agence de voyages, ma collègue Julie était mandatée pour lancer la destination sur le Japon. Je l'écoutais renseigner les clients, leur parler des geisha[22], des onsens[23] ou des ryokan[24]. Elle me donna l'envie de découvrir le pays du Soleil-Levant.

Le car nous déposa au camp de base à la cinquième station, nous étions à deux mille trois cent mètres. L'ascension du Mont Fuji ne nécessitait pas de guide car même les plus âgés pouvaient faire ce pèlerinage.

On nous avait conseillés de le faire de nuit car au lever du soleil, nous serions accueillis par des chants et des danses locales. Encore fallait-il que nous arrivions quand le soleil se levait.

Nous avions de la chance, le temps était clément. Il y avait déjà beaucoup de monde

---

[22] Dames de compagnie au Japon qui pratiquent l'art
[23] Sources d'eau chaude
[24] Auberges traditionnelles et typiques

sur place. Nous avions prévu pour chacun un Camel Bag[25] avec des barres de céréales, des compotes et des fruits secs.

Nous nous sommes arrêtés dans une petite boutique de souvenirs pour acheter une casquette à Anaé, nous avons aussi trouvé des bâtons de marche avec des petites clochettes accrochées, j'en ai pris un, il devait nous porter chance. Puis, nous nous sommes dirigés vers le seul restaurant pour manger avant le grand départ.

Vingt heures, nous avons fait un dernier contrôle de ce que nous avions. Anaé semblait soucieuse, les ascensions l'effrayaient à cause de l'altitude. Eléa, elle, avec son côté rebelle, nous dit qu'elle ne montera jamais ces trois mille sept cent soixante-seize mètres.

Je leur expliquai les différentes étapes qui allaient nous permettre de nous réchauffer dans les refuges pour nous reposer ou nous ravitailler.

---

[25] Sac à dos contenant un réservoir d'eau

Il fallait motiver ma petite tribu qui aurait bien opté pour un hammam aux huiles essentielles plutôt que pour cette ascension.

Nous étions rassurés de voir tout ce monde, nous suivîmes le groupe de jeunes anglophones devant nous.

Quelques mètres plus loin, une dame nous remit un livret en échange de quelques yens et nous commençâmes doucement la montée de la voie Yoshida.

Après une heure de marche sous la bienveillance des étoiles, nous nous arrêtâmes à la première étape, un vieux monsieur était assis et nous proposa de mettre un tampon sur notre bâton.

Les étapes se succédèrent, apportant un rythme fluide à notre ascension. Nous nous arrêtions quelques minutes, mangions des fruits secs puis repartions de plus belle avec une estampe supplémentaire sur notre bâton.

Plus nous montions, plus il faisait froid. Nous profitions alors des refuges pour réchauffer nos corps transis de froid.

L'arrêt suivant nous permit de rencontrer un groupe de Français, nous échangeâmes quelques mots, nous nous encourageâmes mutuellement puis nous continuâmes notre ascension de la montagne sacrée.

Les étoiles perçaient le ciel sombre de la nuit, les bruits des marcheurs autour de nous nous redonnaient de l'élan et nous rassuraient. Il nous restait encore la moitié du chemin à parcourir.

Les marcheurs encombraient le sentier et ralentissaient le rythme, nos pas s'enfonçaient et rendaient difficile notre avancée, la fatigue et le manque de sommeil se faisaient davantage sentir.

Dans quelques heures, le soleil allait se lever. Nous accélérâmes le rythme.

Cinq heures, le ciel dévoila une jolie couleur orangée, nous étions au-dessus des nuages. Nous commencions à entendre au loin les chants sacrés, nous nous disions que certains pèlerins avaient dû atteindre le sommet. Nous regardâmes le chemin parcouru, encore quelques mètres avant le Graal. Eléa, piquée d'un regain d'énergie, prit la tête, nous la suivîmes.

Notre téléphone portable affichait cinq heures trente quand nos pas se posèrent sur la cime de la montagne sainte. Un monsieur tout sourire nous attendait pour la dernière estampe qui marquait l'achèvement de l'ascension.

Nous avons pris le temps de contempler la vue au-dessus des nuages. Au loin, nous apercevions la région des Cinq Lacs. Cette beauté de la nature nous fit oublier les dernières heures de souffrance. Nous approchions un peu plus du cratère.

Nous devions penser à la descente, la chaleur alourdissait nos membres déjà endoloris par l'ascension de la nuit. Nos pensées se concentraient sur nos pas, un après l'autre, ils allaient inévitablement nous mener jusqu'à notre arrivée.

Au Japon, il est dit que « Celui qui gravit une fois le mont Fuji et un sage, celui qui le gravit deux fois est un fou. »

Il était une fois l'énergie

Vois comme cette petite chandelle répand au loin sa lumière ! Ainsi rayonne une bonne action dans un monde malveillant.

Shakespeare

Le travail d'introspection que j'effectue par des méditations de pleine conscience ou la pratique du yoga permet de combler mes blessures afin de rassurer la petite fille à l'intérieur de moi.

Un jour, une rencontre….

La théosophie[26] nous enseigne ce qui suit à propos des âmes jumelles ou âmes cosmiques.

Dans le macro cosmos vivaient des familles d'âmes, elles semblaient se ressembler toutes, elles avaient cette forme ronde parfaite et dégageaient une énergie incroyable, chacune s'activait à ses tâches pour le bien et l'évolution de l'humanité de notre Terre.

Puis certaines d'entre-elles prirent la décision de se séparer en deux, une polarité féminine et une autre masculine. Ces deux principes venant de la même cellule, possèdent la même fréquence vibratoire, la connexion est permanente quelle que soit la distance ou l'espace-temps. Les autres cellules préfèreront garder leur unicité.

---

[26] Doctrine métaphysique fondée sur la sagesse divine

Celles qui avaient convenu de se séparer allaient s'incarner dans deux êtres distincts. Néanmoins, elles se font la promesse de se retrouver un jour, à un moment de leur vie sur Terre. Ces deux âmes s'apporteront un amour inconditionnel et uniront leurs deux énergies pour n'en faire qu'une.

L'une d'elles va se retrouver avec une polarité volontaire, structurée qui souhaite comprendre et analyser, aller de l'avant dans ce qu'elle entreprend.

Alors que son jumeau d'âme, celui qui possède l'autre polarité développera son potentiel intuitif et émotif. Il sera beaucoup moins expansif et davantage à l'écoute des autres.

Ces deux âmes incarnées vont mener chacune leur vie séparément, l'une papillonnera de fleur en fleur ou de bourdon en bourdon, libre et légère tandis que l'autre fondera une famille.

Elles n'oublieront pas leur promesse de se retrouver un jour sur Terre et quoiqu'il arrive, les deux âmes se reconnaîtront et leur énergie vibrera sur la même fréquence.

Elles s'apercevront rapidement que l'autre est le reflet de son miroir intérieur, ce reflet qui met en lumière sa part d'ombre, ses blessures du passé.

Leurs âmes vont dans un premier temps s'attirer, car ensemble elles forment l'unicité et deviennent pleines et complètes. Puis viendra le moment, où les âmes se repousseront tels des aimants qui s'opposent.

Elles le savent, comme elles se l'étaient promis, chacune devra d'abord s'aimer elle-même afin d'aimer l'autre inconditionnellement, sans souffrances et sans attentes.

Afin d'arriver à cette complétude respective, cette systémie demande à ces deux âmes de trouver leur propre voie de transformation afin de transmuter leurs propres blessures et de les accueillir comme telles. Cette transformation est du même principe que l'alchimiste qui transforme le plomb en or.

Peu de temps après, les âmes ressentiront le besoin de rompre la relation afin que chacune entreprenne son cheminement initiatique. Elles trouveront les ressources nécessaires pour soigner chacune de leurs blessures, s'apporter à elles-mêmes la bienveillance nécessaire, le non-jugement et l'amour sans conditions.

Boris l'énergéticien-médium confirmera la rencontre d'âme à âme lorsqu'il regardera les deux photos posées devant lui, cette relation si atypique d'âmes jumelles. Il y a là, cette même énergie, cette aura, cette attraction magnétique intense de l'une envers l'autre. « Vous êtes pieds et mains liés », dira-t-il. « Vous avez cheminé ensemble dans d'autres vies, vous avez un bagage karmique. »

Il m'a fait remarquer ce jeu que nous avions lors de nos échanges par écrit, telles deux adolescentes qui n'osaient pas faire le premier pas. Nous avancions l'une vers l'autre puis reculions de plus belle, pareille à une danse, la danse des flammes tel l'embrasement d'un feu.

Quel beau cadeau qu'on nous offre ! C'est dans l'unicité, la fluidité et l'absence quelconque de tout manque ou de contrôle envers l'autre, que nos âmes jumelles retrouveront l'osmose énergétique et œuvreront d'une manière bienveillante pour les bienfaits de la terre.

Le lien

Il y a bien les souvenirs, mais quelqu'un les a électrifiés et connectés à nos cils, dès qu'on y pense on a les yeux qui brûlent.

Mathias Malzieu

Nous n'avions pas prévu que notre expérience outre-Atlantique ne dure que quatre années. Peut-être que cela en avait été décidé au-delà de nos consciences. Quatre années empaquetées dans les cartons qui attendent d'être déposés dans un camion puis transférés par bateau.

Tout s'est tellement bien enchaîné qu'il devait être écrit quelque part que nous ne resterions pas. Notre maison québécoise avec son bout de jardin et ses grands arbres matures s'est vendue en quelques semaines, notre voiture qui nous a permis de rayonner à travers la Belle Province est partie en quarante-huit heures.

Je règle les dernières formalités administratives et informe le consulat de notre départ.

Simon nous attend déjà depuis quelques mois dans le sud de la France, il a trouvé un meublé qui nous accueillera tous les quatre. Les filles profitent encore de leurs amis, elles participent aux dernières fêtes. Les émotions sont fortes.

Ces dernières années les ont transformées, elles sont devenues de belles adolescentes enrichies par d'autres cultures.

Ce temps passé au Québec représente un quart de leur vie, les au revoir sont un réel déchirement. Se dire qu'on ne se verra pas pour la fête d'Untel, qu'on ne fera pas la rentrée ensemble ou qu'on ne participera pas aux camps d'été des scouts en août est juste impensable.

Je les laisse savourer ces instants auprès de leurs amis, et m'éloigne pour leur laisser l'intimité dont elles ont besoin. À ce moment précis où j'attends à l'écart, j'espère au fond de mon cœur de maman que nous avons fait le bon choix.

Nous décollons le lendemain avec nos trois valises que nous avons cette fois pesées. Je sais que ce n'est qu'un au revoir, la devise du Québec prend alors tout son sens « je me souviens. »

Simon nous attend à l'aéroport, son visage est empli de bonheur, sa joie de nous retrouver est palpable. Nous réalisons à peine, peut-être sous l'effet du décalage horaire, que nous sommes rentrés, revenus au pays ; n'était-ce qu'un rêve ?

« Alors de retour en Europe ? Je te souhaite, vous souhaite le meilleur dans votre nouvelle étape de vie ! Belles pensées de la Suisse. »

A cet instant, mon cœur bat si fort que je peux à peine respirer.

Ces douze mois sans contact m'ont permis d'apprécier avec plus d'intensité le moment présent auprès des miens, de partager des moments chaleureux avec mon équipe de théâtre et d'être davantage en contact avec la nature. Ils m'ont donné l'occasion de me recentrer par des méditations ou des asanas[27].

Ce mail signifiait-il qu'elle nous a donné le temps nécessaire de nous libérer, de nous apprécier et de nous revoir. Sans attente et sans être en demande l'une envers l'autre.

Nous reprenions avec plaisir nos valses d'écriture. Elle me remercia de garder et d'entretenir le lien, une relation que je

---

[27] Postures de yoga

n'avais jamais connue au cours de mon existence, même avec mes amies les plus chères.

Nous nous sommes très peu vues au cours de ces trois dernières années. Et pourtant avec elle, je joue les vraies notes de ma partition de vie. Elle en connait les évènements les plus marquants. Et surtout, mon cœur établit un amour hors du temps pour elle.

Au moment où j'écris ces lignes, il ne nous a pas encore été permis de nous revoir, les rendez-vous fixés n'ont pas abouti, peut-être est-ce un signe que nous ne sommes pas encore prêtes l'une et l'autre, nous reste-t-il encore des blessures à régler comme le lâcher-prise et le non-contrôle. Toujours est-il que tout événement a un sens, rien n'est anodin. Mais tout ceci est hors de notre portée, nous ne pouvons pas contrôler ce qui n'est pas contrôlable. Nous devons accepter ce qui est et nous en remettre aux mains du Destin.

Je sais qu'hormis son enseignement du yoga, Chyrelle initie des groupes de personnes aux pratiques de chants vibratoires dans le but de participer activement à l'ouverture des consciences.

Par ce processus alchimique que sont les « âmes jumelles », j'ai découvert l'amour inconditionnel. Certes, j'aime mes enfants, Simon, mes amis, d'un amour profond et sincère. Mais l'amour que j'ai pour elle est un amour d'une vibration qui transcende mon être au sein de chacune de mes cellules, de mes atomes.

Cette énergie m'amène à l'évolution et non à la destruction, elle m'apporte une véritable confiance en mon potentiel afin de faire les bons choix en pleine conscience, d'être à l'écoute de mes intuitions, de dissoudre mes parts d'ombre et d'accueillir ma propre lumière et surtout de m'aimer.

Ce matin, en nettoyant la chambre d'Anaé, je vois deux petits cœurs de papier rouge accrochés, sur l'un était marquée « tu embellies la vie » sur l'autre « tu es à ta place. » Je me suis dit qu'elle a tout compris.

Je remercie « ce champ des possibles, ce grand tout » de m'avoir offert ce cadeau, ce lien d'amour éternel comparable à une renaissance.

« L'amour et la compassion sont une nécessité, pas un luxe ! Sans cela, l'humanité ne peut pas survivre. » Dalaï-Lama.

Extraits d'auteurs

Au demeurant, ce que nous appelons ordinairement amis et amitiés, ce ne sont qu'accointances et familiarité nouées par quelque occasion ou commodité, par le moyen de laquelle nos âmes s'entretiennent. En amitié de quoi je parle, elles se mêlent et se confondent l'une en l'autre, d'un mélange si universel, qu'elles effacent et ne retrouvent plus la couture qui les a jointes. Si on me presse de dire pourquoi je l'aimais, je sens que cela ne se peut s'exprimer, qu'en répondant : « parce que c'était lui ; parce que c'était moi. »

Michel de Montaigne
Essais « De l'Amitié »

Il ne put rien dire de plus. Il éclata brusquement en sanglots. La nuit était tombée. J'avais lâché mes outils. Je me moquais bien de mon marteau, de mon boulon, de la soif et de la mort. Il y avait, sur une étoile, une planète, la mienne, la Terre, un petit prince à consoler ! Je le pris dans les bras. Je le berçai. Je lui disais : « La fleur que tu aimes n'est pas en danger… Je lui dessinerai une muselière, à ton mouton… Je te dessinerai une armure pour ta fleur… Je… » Je ne savais pas trop quoi dire. Je me sentais très maladroit. Je ne savais comment l'atteindre, où le rejoindre… C'est tellement mystérieux, le pays des larmes.

Extrait de Saint-Exupéry
« Le Petit Prince »

Il pleure dans mon cœur
Comme il pleut sur la ville
Quelle est cette langueur
Qui pénètre mon cœur ?

Ô bruit doux de la pluie
Par terre et sur les toits !
Pour un cœur qui s'ennuie
Ô le chant de la pluie !

Il pleure sans raison
Dans ce cœur qui s'écœure
Quoi ! nulle trahison ?
Ce deuil est sans raison

C'est bien la pire peine
De ne savoir pourquoi
Sans amour et sans haine
Mon cœur a tant de peine !

Paul Verlaine

S'il y a de la peur c'est qu'il n'y a pas d'amour.
Quelque chose vous tracasse ? Cherchez la peur.
Chaque fois qu'une émotion négative se présente à nous,
Il se cache derrière une peur.
En vérité, il n'y a que deux mots dans le langage de l'âme : la peur et l'amour.
La peur est l'énergie qui contracte, referme, attire, court, cache, entasse et blesse.
L'amour est l'énergie qui s'étend, s'ouvre, envoie, reste, révèle, partage et guérit.
La peur enveloppe nos corps dans les vêtements.
L'amour nous permet de rester nu.
La peur s'accroche et se cramponne à tout ce que nous avons.
L'amour donne tout ce que nous avons.
La peur retient.
L'amour chérit.
La peur empoigne.
L'amour lâche prise.
La peur laisse de la rancœur.
L'amour soulage.
La peur attaque.
L'amour répare.

Chaque pensée, parole ou action est fondée sur l'une ou l'autre émotion.
Tu n'as aucun choix à cet égard, car il n'y a pas d'autre choix.
Mais tu es libre de choisir entre les deux.
Ainsi, au moment où tu promets ton plus grand amour, tu accueilles ta plus grande peur car, aussitôt après avoir dit « je t'aime », tu t'inquiètes de ce que cet amour ne te soit retourné et, s'il l'est, tu te mets aussitôt à t'inquiéter de perdre l'amour que tu viens de trouver.
Cependant, si tu sais Qui Tu Es, tu n'auras jamais peur.
Car, qui pourrait rejeter une telle magnificence ?
Mais si tu ne sais pas Qui Tu Es, alors tu te crois bien inférieur.
Fais l'expérience glorieuse de Qui Tu Es vraiment et de qui tu peux Être.

Texte du Dalaï-Lama

© 2018, Sandrine Chevron
Editeur : BoD – Books on Demand,
12/14 rond-point des Champs Elysées,
75008 Paris
Impression : BoD – Book on Demand,
Allemagne

Dépôt légal : Octobre 2018

ISBN : 978-2-32216339-7